Miriam Schaps | Sabrina Pohle

ABENTEUER ZWISCHEN NORDEIFEL UND AACHEN

Lilly und Nikolas auf der Suche nach dem schwarzen Gold

Biber & Butzemann

Die schönsten Ausflugsziele zwischen Nordeifel und Aachen:

FÜR MARCUS, EMIL UND OSKAR

Ich möchte mich ganz herzlich bei meiner Familie für ihre tolle Unterstützung bedanken. Ein besonderer Dank geht an meinen Sohn Emil, der mich nicht nur wie der Rest der Familie bei zahlreichen Ausflügen begleitet hat, sondern mir auch mit vielen Tipps und Ideen zur Seite stand.

Miriam Schaps

Besuchen Sie uns im Internet unter **www.biber-butzemann.de** oder auf Facebook unter **www.facebook.com/biberundbutzemann**

Geschwister-Scholl-Str. 7
15566 Schöneiche

1. Auflage, Oktober 2018

Bibliografische Information der Deutschen Bibliothek
Die Deutsche Bibliothek verzeichnet diese Publikation in der Deutschen Nationalbibliografie; detaillierte bibliografische Daten sind im Internet unter http://dnb.ddb.de abrufbar.

Text: Miriam Schaps
Illustrationen: Sabrina Pohle
Layout und Satz: Mike Hopf
Lektorat: Steffi Bieber-Geske, Moritz Ganser, Juliane Just, Sophie Schulke
Lektoratsassistenz: Kati Bieber, Martina Bieber, Anja Köneke, Selma Magnor, Anne K. Ramin
Korrektorat: Peggy Büttner
Druck- und Bindearbeiten: TZG Zapolex Sp. z o. o., Polen
ISBN: 978-3-95916-045-2

Niederlande
Kerkrade
Maastrich
Vaals
Aachen
Deutschland
Schwammenauel
Wilder Kermeter
Vogelsang
Mechernich
Monschau
Hohes Venn
Hellenthal
Belgien

INHALTSVERZEICHNIS

1.

ANKUNFT IN DER EIFEL

„Wie lange müssen wir noch fahren?" Nikolas versuchte, sich trotz Anschnallgurt und einer Kiste voller Schleich-Tiere vor seinen Füßen im Auto zu strecken.

„Eine Stunde werden wir wohl noch im Auto sitzen müssen. Schließlich müssen wir einmal quer durch Deutschland bis ganz in den Westen fahren", antwortete Mama.

Sie waren schon vor über fünf Stunden aufgestanden, um zum Geburtstag ihrer Tante Sarah zu fahren. „Warum müssen wir so weit fahren? Tante Sarah kann doch auch uns besuchen, so wie Tante Katharina." Lilly war mittlerweile etwas knatschig.

„Aber Papas Schwester hat uns zu ihrem Geburtstag eingeladen. Außerdem möchte sie uns gerne ihre neue Heimat, die Eifel, zeigen. Wir haben sie ja seit ihrem Umzug nicht mehr gesehen."

„Also ich bin gespannt, wie es in der Eifel ist. Immerhin spielen da lauter Krimis", schaltete sich Papa ein.

Mama musste lachen. „Ja, die Eifel-Krimis sind bekannt, allerdings spielen die meisten eher südlicher in der Vulkaneifel. Wir fahren in die Nordeifel, ganz in die Nähe von Aachen." Nachdem die Einladung von Tante Sarah ins Haus geflattert kam, hatten sie beschlossen, gleich für eine ganze Woche zu fahren, was gut mit den Herbstferien der Kinder zusammenpasste.

„Wenigstens wohnen wir auf einem Bauernhof", lenkte Lilly ein. Nikolas musste grinsen. Egal, wohin sie in den Urlaub fuhren, für Lilly waren immer Pferde und Ponys das Wichtigste – und die würde es auf dem Bauernhof sicherlich geben.

Eine Weile fuhren sie still weiter. Endlich setzte Papa den Blinker und sie verließen die Autobahn. Neugierig blickten alle nach draußen, um einen ersten Eindruck von ihrem Urlaubsort zu erhalten.

Auf einmal entdeckte Lilly etwas: „Guckt mal, da vorne! Bei den Kühen stehen ja lauter Steine. Wofür brauchen Kühe denn so was?"

Nikolas' Blick folgte Lillys ausgestrecktem Zeigefinger. „Hm, das ist ja komisch. Schubbern sich die Kühe etwa da dran? Als Zaun eignen sie sich jedenfalls nicht."

Auch die Eltern entdeckten jetzt die lange Reihe hoher Steine, die sich wie ein Band durch die Landschaft zog. Mama runzelte einen Moment lang die Stirn. „Ich glaube, ich weiß, was das ist. Verlief hier

nicht der Westwall? Immerhin sind wir ganz in der Nähe von Belgien und den Niederlanden.“

Die Kinder verstanden kein Wort und Lilly fragte: „Westwall? Belgien und die Niederlande? Wovon redest du?“

„Ihr habt doch schon mal etwas vom Zweiten Weltkrieg gehört. Hier muss irgendwo die westliche Grenze Deutschlands zu den Nachbarländern verlaufen sein, die verteidigt werden sollte. Diese Steine wurden als Teil des Westwalls errichtet. Sie sollten als Panzersperren dienen. Man nennt sie auch ‚Höckerlinien‘“, erklärte Mama.

„Weil die Steine wie lauter Kamelhöcker aussehen?“, fragte Nikolas.

„Ja, genau.“

Nachdem sie einen Berg in einem Wald hinaufgefahren waren, war es wieder Lilly, die draußen etwas Interessantes entdeckte. „Papa, bist du dir sicher, dass wir noch auf dem richtigen Weg sind? Da stand gerade ‚Belgien‘ auf einem Schild!“

„Doch, doch, wir sind hier ganz in der Nähe von Belgien. Gut möglich, dass uns die Straße ein Stück durch das Nachbarland führt“, beruhigte Papa sie.

Wenig später ging es auch schon rechts ab und kurz darauf bog Papa in einen schmalen Weg ein, der sie hinauf zum „Victorhof“ brachte. Endlich hatten sie ihre Ferienunterkunft erreicht.

„Na, da bin ich ja mal gespannt. Das Steingebäude sieht jedenfalls richtig nett aus“, meinte Mama.

Lilly hatte nur Augen für die grasenden Ponys auf der Weide, an der sie mit dem Auto vorbeifuhren. „Oh, die sehen aber süß aus. Können wir nicht doch schon heute reiten?“

„Nein, heute wird das nichts mehr. Jetzt lasst uns erst einmal aussteigen, die Sachen ausladen und uns umziehen. Tante Sarahs Party beginnt in einer Stunde.“ Mama öffnete die Autotür, stieg aus und streckte sich ausgiebig. Kaum war der Rest der Familie ihr gefolgt, kam ihnen auch schon eine Frau entgegen.

Sie schüttelte Mama und Papa die Hand und stellte sich vor: „Herzlich willkommen! Ich bin Iris Victor. Bitte nennen Sie mich Iris. Sie müssen Familie Sonnenschein sein.“ Dann wandte sich die Gastgeberin ebenso freundlich an Lilly und Nikolas. „Schön, dass ihr hier seid. Wie heißt ihr denn?“

„Ich bin Lilly und das ist mein Bruder Nikolas.“

Nikolas verdrehte die Augen. Als wenn er nicht selbst reden könnte. Dann nickte er aber, denn die nette Iris konnte ja nichts dafür, dass seine kleine Schwester mal wieder so gesprächig war.

„Ich zeige euch gleich, wo ihr was findet und wo ihr überall spielen könnt. Morgen geht es dann mit dem Programm los. Ich habe die Ferienwohnung ‚Hühnerstall‘ für Sie vorbereitet“, wandte sich Iris wieder an die Eltern und steuerte eine Außentreppe an, die nach oben zur Ferienwohnung führte. Die Familie folgte ihr. Oben schloss Iris die Tür der Wohnung auf und überreichte Mama den Schlüssel. Neugierig traten sie ein und blickten sich in der hellen, freundlichen Wohnung um. Die Kinder machten sich sofort auf die Suche nach dem Kinderschlafzimmer mit dem Etagenbett. Schnell hatten sie sich darauf geeinigt, dass Nikolas oben und Lilly unten schlafen würde.

„Möchten Sie sich erst einmal in Ruhe einrichten oder soll ich Ihnen gleich den Hof zeigen?“ Fragend sah Iris die Eltern an.

Mit einem kurzen Blick auf die Uhr zog Mama bedauernd die Schultern hoch: „Ich glaube, wir müssen heute leider auf die Hofführung verzichten. Wir schaffen es gerade noch, uns umzuziehen, und dann geht es auch schon zum Rursee. Wir sind dort zu einer Geburtstagsfeier auf einem Schiff eingeladen“

„Kein Problem. Dann machen wir das morgen. Wenn irgendetwas ist, melden Sie sich bitte.“ Während Iris die Wohnung verließ, machten die Kinder enttäuschte Gesichter. Sie hätten so gerne wenigstens kurz nach den tierischen Bewohnern des Bauernhofs gesehen. Sie wussten aber, dass es keinen Sinn hatte, jetzt herumzunörgeln. Außerdem freuten sie sich auch auf Tante Sarah.

2.

SCHIFFFAHRT AUF DEM RURSEE

Keiner hatte große Lust, sich nach der langen Anreise wieder ins Auto zu setzen, aber zum Glück mussten sie jetzt nur eine halbe Stunde fahren.

Dieses Mal setzte sich Mama ans Lenkrad. Die Kinder hielten die selbst gezogenen Kerzen in der Hand, die sie Tante Sarah zum Geburtstag schenken wollten.

Alle blickten still nach draußen. Unversehens machte die Straße eine scharfe Kurve und man konnte steil nach unten schauen. Erschrocken hielt Mama die Luft an. Das war gar nichts für sie mit ihrer Höhenangst. Sie umfasste das Lenkrad noch ein wenig fester und konzentrierte sich ganz auf die Straße, die sich in vielen Kurven durch das gebirgige Gelände hinunterschlängelte.

„Die Aussicht hier ist fantastisch! Können wir nicht mal anhalten, damit ich ein paar Fotos machen kann?“ Begeistert schaute Papa aus dem Autofenster des Beifahrersitzes. Man hatte tatsächlich einen herrlichen Blick auf den See, an dessen Ufer die Bäume bereits bunt gefärbte Blätter trugen.

„Bloß nicht. Ich bin froh, wenn ich das Stück hier geschafft habe. Ist bei euch da hinten alles klar?“ Mama wunderte sich, dass sie von den Kindern gar nichts hörte. Von Lilly und Nikolas kam nur ein leises „Hm“. Ihnen war etwas flau im Magen.

„Immer schön nach draußen gucken. Gleich haben wir es geschafft“, versuchte Papa, die Kinder aufzumuntern.
Kurz darauf hatten sie es tatsächlich geschafft. Mama stieg mit leicht zitternden Beinen aus dem Auto. Lilly und Nikolas waren froh, endlich an die frische Luft zu kommen, wo es ihnen auch gleich wieder besser ging. Papa steckte schnell die hübschen Kerzen ein und gemeinsam schlenderten sie in die Richtung, in die der Schiffsanleger ausgewiesen war.
„Dort vorne ist der Kiosk, bei dem man die Fahrkarten kaufen kann.“ Nikolas deutete auf ein Häuschen, aber just in diesem Moment erkannte seine Schwester Oma und Opa, die ebenfalls eingeladen waren und bei Tante Sarah unterkommen würden.
„Oma, Opa!“ jubelte Lilly und lief den Großeltern entgegen, um sie zu umarmen. Nikolas schloss sich ihr an.
Da entdeckten die Geschwister auch Tante Sarah. „Alles Gute zum Geburtstag!“, riefen die Kinder.
„Vielen Dank! Schön, dass ihr alle hier seid!“ Tante Sarah stellte ihnen gleich ein paar enge Freunde vor, dann holte sie die reservierten Fahrkarten ab.
Während die Erwachsenen den Ausblick auf den von Wäldern umgebenen See genossen, sichtete Nikolas hinter dem Fahrkartenhäuschen einen Spielplatz: „Dürfen wir da hingehen?“.
In diesem Moment kam Tante Sarah mit den Fahrkarten in der Hand zurück und sagte: „Wir haben noch etwa 20 Minuten Zeit. Ihr könnt gerne ein bisschen spielen gehen.“ Gemeinsam probierten Lilly und Nikolas die Spielgeräte aus. Schließlich rief Papa sie und alle

gingen zusammen die Stufen hinunter zum Schiffsanleger. „Aachen“ entzifferte Lilly den Namen des Schiffes.

Die Kinder wollten direkt nach oben aufs Deck laufen. Dort machte das Schifffahren schließlich am meisten Spaß. Ein kräftiger Wind blies ihnen um die Nase. Während die anderen Erwachsenen unten im Schiff blieben, kam Tante Sarah auch nach oben. „Ich stehe am liebsten hier im Wind. Vielleicht sollten wir aber trotzdem erstmal

nach unten gehen. Ich möchte euch nämlich gern zu Kakao und Kuchen einladen.“

Das ließen sich die Kinder nicht zweimal sagen. Jeder durfte sich an der Theke ein Stück Kuchen aussuchen. Dazu gab es Kakao und für die Erwachsenen Kaffee. „Ah, ist das herrlich!“, freute sich Oma. „Ein schönes Käffchen, das ist genau das, was ich jetzt brauche.“

3.

EINE GESCHICHTE AUS ALTEN ZEITEN

Lilly und Nikolas ließen sich den Kuchen schmecken. Opa sah seine Enkelkinder und seine Frau liebevoll an. „Mir fällt gerade eine kleine Anekdote ein, die mir meine Mutter einmal erzählt hat. Wollt ihr sie hören?“ Opa blinzelte verschmitzt zu Lilly und Nikolas herüber, denn er wusste, wie sehr sie ihm an den Lippen hingen, sobald er eine seiner Geschichten begann.

„Au ja!“, riefen Lilly und Nikolas wie aus einem Munde. Sie liebten es, Geschichten „von früher“ zu hören.

„Sie handelt“, hob Opa an und wandte sich Oma zu, „vom Kaffee. Meine Mutter lebte während der Nachkriegszeit eine Zeit lang in Köln.“

„Da waren wir schon!“, rief Lilly aufgeregt. „Da gibt es das Rheingold und ...“ Weiter kam sie nicht, weil Nikolas, der Opas Geschichte hören wollte, sie in die Seite knuffte. „Autsch“, maulte Lilly leise, „ist ja schon gut.“

Opa schmunzelte, denn er freute sich über das Interesse der Kinder und fuhr fort: „Als meine Mutter noch nicht lange in Köln war, ging sie eines Tages in ein kleines Café und bestellte dort einen Kaffee, der damals richtig teuer war. Sie sagte aber nicht: ‚Ich hätte gerne einen Kaffee‘, sondern ‚Ein Käffchen bitte‘, wie sie es von den Kölnern gehört hatte. Aber sie wurde bitter enttäuscht, denn

der Kaffee schmeckte – tja, wie soll ich sagen – gewöhnungsbedürftig. Wie so viele andere Menschen hatte auch meine Mutter nach dem Krieg nicht viel Geld und wenn sie sich etwas gönnte, wollte sie es sich auch schmecken lassen. Also wandte sie sich empört an den Kellner, der ihre Aufregung gar nicht verstehen konnte. Sie habe ‚ein Käffchen' bestellt und ‚ein Käffchen' bekommen. Ihr könnt euch sicher vorstellen, dass meine Mutter mit der Antwort gar nicht zufrieden war."

Die Kinder und auch die zuhörenden Erwachsenen nickten und waren gespannt, wie Opas Geschichte weiterging.

„Ärgerlich wollte sie das Café verlassen, als sich eine alte Kölner Dame einmischte. Sie hatte bemerkt, dass meine Mutter keine

Kölnerin war. Ich habe euch ja schon gesagt, dass Kaffee damals ein Luxusgut war, das sich die meisten Leute nur selten leisten konnten, deshalb tranken viele Leute Muckefuck."

Bei dem Wort musste Lilly kichern und Opa erklärte, dass es sich dabei um eine Art Ersatzkaffee handelte, der aus Eicheln gemahlen wurde. Später bezeichnete man auch Malzkaffee als „Muckefuck".

„Bäh!", machte Nikolas. „Das klingt ja noch schlimmer als richtiger Kaffee!" Immer wieder mal hatte er an den Tassen seiner Eltern genippt, aber nie herausgefunden, was die Erwachsenen an diesem bitteren Getränk so toll fanden.

„An den Geschmack hatten sich die meisten Menschen gewöhnt", bemerkte Opa. „Aber die Leute haben sich ihrer Armut geschämt. Sie wollten nicht zeigen, dass sie kein Geld für Kaffee hatten. Also trafen sie stillschweigend eine Vereinbarung: Auch wer kein Geld für Kaffee hatte, konnte in Kölner Cafés ein ‚Käffchen' bestellen. Dann bekam derjenige Muckefuck. Und diejenigen, die genug ausgeben konnten, bestellten einfach ein ‚lecker Käffchen'. Das war sozusagen das Codewort für richtigen Kaffee. Nachdem meine Mutter das erfahren hatte, war ihr das ganze unglaublich peinlich und sie wollte sich bei dem Kellner entschuldigen. Er konnte schließlich nichts dafür, dass sie nichts von dieser Kölner Geheimsprache wusste. Meine Mutter hat den Muckefuck übrigens noch tapfer ausgetrunken. Denn damals wurde nichts einfach so weggeschüttet oder weggeschmissen. Für eine solche Vergeudung war einfach kein Geld da", schloss Opa seine Erzählung.

Nach einem kurzen Moment der Stille sagte Lilly: „Ich bleibe trotzdem lieber bei meinem Kakao!" Und alle mussten lachen, als sie besonders geräuschvoll die Tasse leerte und sich den verschmierten Mund abwischte.

Nachdem sich alle ein wenig gestärkt hatten, schlug Mama vor: „Jetzt wollen wir für Sarah ein Geburtstagslied singen."

Lauthals sangen alle „Happy Birthday", sodass sie viele neugierige Blicke auf sich zogen. Ein Mann mit brauner Kleidung und großem Hut auf dem Kopf nahm sogar ein Mikrofon in die Hand und sagte lachend: „Herzlichen Glückwunsch!"

Tante Sarah rief ein fröhliches „Dankeschön!" zurück und wandte sich dann erklärend an ihre Gäste: „Das ist Stefan, ein Ranger. Er wird uns gleich ein wenig über den Nationalpark erzählen."

„Was ist denn ein Ranger?", wollte Lilly wissen und schaute ihre Tante fragend an.

„Nationalparks kennen wir, das sind große Naturschutzgebiete. Ich glaube, das Wattenmeer ist auch eins ", überlegte Nikolas. Der Ranger war ihm aber auch fremd.

„Genau", bestätigte Tante Sarah. „Und ein Ranger kümmert sich um einen Nationalpark. Er kontrolliert das Gebiet, achtet darauf, dass alles in Ordnung und gut ausgeschildert ist. Und er zeigt Besuchern, was sie im Nationalpark machen und entdecken können. Ich denke, das wird uns Stefan später selber erzählen."

4.

DER RANGER

Während das Schiff an Steinufern und Wäldern vorbeifuhr, überreichten Lilly und Nikolas ihrer Tante Sarah ihr Geschenk. Sarah freute sich sehr über die Kerzen. „Wie schön! Die kann ich gut gebrauchen. Bald wird es abends wieder so früh dunkel, da habe ich ein bisschen Kerzenschein ausgesprochen gerne."

Auch die anderen Gäste hatten Sarah schöne Dinge mitgebracht. Viel Zeit, sich den Geschenken zu widmen, hatte sie jedoch nicht, denn nun ergriff der Ranger in der Tat noch mal das Mikrofon. Er stellte sich kurz vor und begann zu erzählen. „Der ‚Nationalpark Eifel' ist der erste und bisher einzige Nationalpark in Nordrhein-Westfalen und besteht vor allem aus Bäumen und Sträuchern. Es gibt aber auch ein Grasland, die Dreiborner Hochfläche. Im Nationalpark möchten wir die Natur Natur sein lassen. Trotzdem gibt es auch für den Menschen Platz, darum existiert ein großes Wegenetz", erklärte Stefan und fügte hinzu: „Nach und nach entsteht wieder eine richtige Wildnis, in der sich Bäume, die hier vor vielen, vielen Jahren wuchsen, neu verbreiten können, und in der auch viele Tiere heimisch sind. Bei uns leben zum Beispiel 16 verschiedene Fledermausarten."

„Toll!", staunte Lilly. Über Fledermäuse wussten die Kinder bereits einiges und fanden sie sehr spannend. Im weiteren Vortrag erfuhren sie, dass im Nationalpark auch Wildkatzen, Biber, Uhus, Milane, Muffelwild, Rotwild und viele andere Tiere lebten. „Ob es hier wohl auch Bären gibt?“, überlegte Lilly.

„Quatsch, die gibt es in Deutschland doch gar nicht mehr“, behauptete Nikolas.

„Aber Bären leben doch in Wäldern. Ich könnte mir hier gut Bären vorstellen“, erwiderte seine kleine Schwester.

„Psst, hört doch erst mal fertig zu, dann könnt ihr Fragen stellen. Stefan kann euch sicher sagen, ob es hier Bären gibt oder nicht“, schlug Tante Sarah ihnen flüsternd vor.
Diesen Vorschlag fanden beide gut und so setzten sie sich nach dem Vortrag an den Tisch des Rangers, der sich über das Interesse der Geschwister freute. „Nein, Bären leben hier nicht. Das größte Raubtier in unserer Region ist die Wildkatze. Schaut mal, ich habe auch ein paar Bilder von den Tieren dabei!“ Aus seinem großen Rucksack holte er einen ganzen Stapel Fotos, die die Kinder neugierig betrachteten.
Auf einem Bild war ein großer, stolzer Rothirsch zu sehen. Der Ranger zeigte es den Kindern und fragte sie: „Wie heißt denn seine Frau?“
Stolz meldete sich Nikolas zu Wort: „Hirschkuh.“
„Prima“, lobte der Ranger. „Weißt du auch, wie ihre Kinder heißen?“
Nikolas schüttelte den Kopf und auch Lilly zuckte mit den Schultern.
„Das ist ganz einfach. Wenn die Mama eine Kuh ist, dann ist das Kind ein Kalb“, erklärte der Ranger und nannte ihnen anschließend die Namen der Rehfamilie. „Rehbock, Ricke und ...“
„... das Kleine ist das Rehkitz“, wusste Lilly, die alle Tierkinder niedlich fand.
Nachdem sie sich die Bilder angeschaut hatten, holte der Ranger noch etwas aus seinem Rucksack hervor. „Könnt ihr diese Dinge den Tieren auf den Fotos zuordnen?“ Er legte ein Geweih, Hufe und einen Schwanz auf den Tisch. Gemeinsam berieten sich die Kinder und hatten am Ende alles richtig. Bevor sie sich von Ranger

Stefan verabschiedeten, durften sich Lilly und Nikolas noch den übergroßen Rangerhut auf den Kopf setzen.
Mittlerweile waren die Erwachsenen mit dem Kaffeetrinken fertig. Sie wollten nun auch nach oben an Deck gehen. Da kamen die Kinder gerne mit. Plötzlich flog ein schwarzer Vogel pfeilschnell über den See hinweg. „Schaut mal, ein Kormoran“, sagte Opa. „Um Fische aus dem Wasser zu fangen, muss er jedes Mal kurz untertauchen.“ Interessiert beobachteten die Kinder den Kormoran, der sich auf einem Stein am Ufer niedergelassen hatte.
„Wenn euch der Nationalpark interessiert, können wir gerne mal zusammen hineingehen, aber morgen habe ich schon etwas anderes für euch geplant“, sagte Tante Sarah geheimnisvoll und lächelte. „Es hat auch etwas mit Tieren zu tun.“
Lilly und Nikolas versuchten, herauszubekommen, was für den nächsten Tag auf dem Programm stand, aber Sarah verriet nichts. Als das Schiff wieder in Schwammenauel anlegte, versprach sie, morgen am frühen Nachmittag zum Hof zu kommen. „Dann werdet ihr erfahren, wo es hingeht.“
Lilly und Nikolas kletterten hinten ins Auto, während Mama Papa nur allzu gerne das Lenkrad überließ. Die Kinder bekamen vorsichtshalber eine Tüte nach hinten gereicht, aber dieses Mal überstanden sie die Kurven ganz ohne Übelkeit.
Auf dem Hof angekommen, durften die Kinder noch kurz in der Strohscheune auf dem Trampolin hüpfen und dann waren alle froh, nach dem langen Tag zur Ruhe zu kommen.

5.

AUF DEM BAUERNHOF

Als die Geschwister am nächsten Morgen aufwachten, sprangen sie schnell aus den Betten und zogen sich an. Sie wollten den Hof erkunden und alle Tiere besuchen. Weil ihre Eltern noch schliefen, nahmen sie sich leise das Infobuch, das auf dem Wohnzimmertisch lag, und setzten sich damit gemeinsam auf das Sofa.

„Oh, schau mal, Nikolas, das niedliche Kälbchen! Ob es jetzt wohl auch welche gibt?", überlegte Lilly und blätterte weiter zu der Seite, auf der die Ponys zu sehen waren.

Auch Nikolas beugte sich interessiert über die Seiten und freute sich, als er etwas über einen Lagerfeuerabend las. „Und schau mal, gleich können wir die Tiere füttern und dann Pony reiten", las er vor.

Lilly strahlte, sprang auf und schnappte sich ihre Jacke. „Worauf wartest du?" Nikolas legte den Eltern einen Zettel hin, dass sie draußen waren, und kündigte an, nachher Brötchen mitzubringen.

Da sie etwas zu früh dran waren, spielten Lilly und Nikolas noch eine Runde Tischkicker. Anschließend liefen sie nach draußen, wo sich bereits einige Kinder um Iris Victor versammelt hatten.

Iris zeigte auf einen Stapel geflochtener Körbe, von denen sich jedes Kind einen nehmen durfte. Als Erstes wurden die Körbe im Kuhstall mit Heu gefüllt, das für die Schafe bestimmt war. Anschließend

wurden die Kaninchen und Hühner gefüttert und jedes Kind durfte im Hühnerstall nach einem Ei suchen.
Schließlich holte der Bauer Elmar Victor eine Kuh von der Weide in den Stall. Sie sollte mit der Hand gemolken werden. Die kleineren Kinder hatten ein wenig Angst vor dem großen Tier, aber Nikolas wollte sich auf jeden Fall im Melken versuchen. Er wusch sich gemeinsam mit ein paar anderen Kindern gründlich die Hände, sodass keine Keime ins Euter eindringen konnten. Dann schauten alle gespannt zu, wie der Bauer eine der Kuhzitzen umfasste und einige Male kräftig von oben nach unten strich. „Nun schießt die Milch ins Euter ein“, erklärte der Bauer und schon kurz darauf schoss warme, dickflüssige Milch in den Eimer.

„Na, wer von euch möchte es denn mal probieren?“ Aufmunternd schaute der Bauer die Kinder an. Nikolas zögerte, denn die Kuh sah von Nahem doch ziemlich groß aus. „Keine Sorge, unsere Elsa ist eine ganz Liebe. Solange sie etwas zum Kauen zwischen den Zähnen hat, hält sie still.“, beruhigte Elmar ihn.
Nikolas sah auf die Heu fressende Kuh und gab sich einen Ruck. Er versuchte, genauso wie der Bauer es vorgemacht hatte, an den Zitzen zu ziehen und zu drücken, doch die Milch wollte einfach nicht fließen. Beim Bauern hatte das Ganze doch so einfach ausgesehen. Nikolas ärgerte sich, dass es ihm nicht gelang, Milch aus dem Euter zu bekommen. Endlich kamen ein paar wenige Tropfen heraus und Nikolas machte Platz für das nächste Kind.
Auch die Bemühungen der anderen Kinder blieben meist erfolglos. Stolz drehte Nikolas sich zu Lilly um: „Bei mir sind immerhin ein paar Tropfen herausgekommen.“
Der Bauer meinte fröhlich: „Ja, Melken erfordert einiges an Übung.“
Anschließend ging es endlich zu den Ponys. „Zuerst müssen sie geputzt werden“, erklärte Iris und zeigte den Kindern, wie sie mit den harten Bürsten das Fell der Ponys sauber bekamen.
Für Lilly war das eine angenehme Arbeit. Sie fand es schön, so nah bei dem braunen Pony zu stehen und es zu bürsten. Liebevoll schaute sie das Pony an. Auf einmal schnaubte es und Lilly wurde etwas nass gespritzt. „Hat dich etwas in der Nase gekitzelt?“, fragte sie lachend und schaute sich nach einem weichen Tuch um, mit dem sie die Nüstern des Ponys säubern konnte. Zum Glück kam da gerade Iris heran, die ihr das Gewünschte gerne brachte. „Wie heißt

die Hübsche denn eigentlich?“, fragte Lilly und strich dem Pony die lange schwarze Mähne aus den Augen.

„Das ist unsere Ramona.“ Iris klopfte dem Pony den Hals und zeigte Lilly dann eine Stelle an der linken Flanke, an der noch etwas Schmutz klebte. Beim Hufauskratzen half Iris dann mit, denn Ramona wollte ihre Hufe einfach nicht anheben, so sehr sich Lilly auch bemühte.

Endlich waren alle Tiere fertig und die ersten Kinder konnten ein paar Runden um den Hof reiten. Einige Eltern, die mittlerweile dazugekommen waren, und Iris führten die Ponys. Auch Lilly und Nikolas kamen direkt bei der ersten Runde dran. Iris sah, dass sie gut mit den Ponys zurechtkamen. „Ihr habt schon Reiterfahrung, oder?“, fragte sie. Lilly und Nikolas nickten. „Dann zeigt mir nachher mal an der Longe, was ihr könnt. Vielleicht dürft ihr die Ponys dann auch außerhalb der offiziellen Reitzeiten nach Absprache von der Weide holen und reiten. Es tut den Tieren gut, wenn sie viel Bewegung bekommen. Aber eure Eltern müssen dabei sein und euch beaufsichtigen."

Lilly strahlte. So würden es ganz bestimmt die tollsten Ferien werden. Nikolas machte es ebenfalls Spaß, zu reiten, aber er freute sich auch, als Iris ankündigte, dass ihr Mann die Kinder gleich auf eine Traktorrundfahrt mitnehmen würde.

Aufgeregt und glücklich kehrten die Kinder am späten Vormittag in die Ferienwohnung zurück – mit frischen Brötchen und vier Eiern.

„Ich bin mal gespannt, was Tante Sarah heute mit uns vorhat", überlegte Papa am Frühstückstisch, nachdem die Kinder von ihren Erlebnissen beim Tierefüttern, Melken und Reiten berichtet hatten.

„Sie hat ja gesagt, dass es was mit Tieren zu tun hat. Vielleicht gibt es hier einen Zoo?" Das würde Lilly gefallen – und Nikolas auch.

Als sie den Tisch abräumten, piepte Papas Smartphone. „Schaut mal, Tante Sarah schreibt, dass das Foto hier ein Tipp für den Ausflug heute ist."

Neugierig beugten sich alle über das Smartphone, konnten aber lediglich ein Bild mit viel Wasser und ein paar Gräsern darauf erkennen. Alle zuckten ein wenig ratlos mit den Schultern und Papa lachte: „Sarah macht es ja mal wieder spannend! Da müssen wir wohl mit der Auflösung warten, bis wir sie nachher treffen. Jetzt gehen wir aber noch einmal nach draußen und ihr könnt uns den Hof zeigen!"

6.

Unterwegs im Hohen Venn

Endlich kam Tante Sarah mit Oma und Opa auf den Hof gefahren. Lilly und Nikolas rannten sofort zu ihnen. „Wo geht es denn jetzt hin?“, rief Nikolas, und seine Schwester fügte hinzu: „Wir konnten dein Rätsel nicht lösen.“

Tante Sarah lachte: „Das macht nichts. Ich sage es euch gleich, wenn eure Eltern auch hier sind.“ Ungeduldig winkte Lilly Mama und Papa herbei und Sarah erzählte: „Ich habe für uns eine Familienführung im Hohen Venn gebucht. Das ist ein Hochmoor, durch das man auf Holzstegen spazieren kann.“

Lilly war enttäuscht. „Wir gehen spazieren? Das ist doch langweilig. Außerdem hast du gesagt, dass dein Ausflug etwas mit Tieren zu tun hat.“

„Das hat er auch, denn natürlich leben im Hohen Venn Tiere. Und momentan ist da ein spezielles Tier ganz besonders fleißig, aber das werdet ihr dann selbst sehen.“ Tante Sarah wollte scheinbar immer noch nicht alles verraten. „Es ist eine Führung ganz allein für uns. Ich habe mit Frau Jakob ausgemacht, dass wir uns auf einem belgischen Parkplatz treffen und von dort aus ins Venn gehen.“

„In Belgien?“, fragte Nikolas neugierig. Ins Ausland zu fahren, fand er immer spannend. „Ja, ein Großteil des Venns liegt auf belgischem Gebiet. Aber es ist trotzdem nur eine ganz kurze Strecke

zu fahren, denn wir sind hier direkt an der Grenze", erklärte Tante Sarah.
Sie stiegen in die Autos und Mama fuhr hinter Tante Sarah her. Nach wenigen Minuten kamen sie an einer bronzenen Statue, die einen Sack auf den Schultern trug, vorbei, und schon waren sie in Belgien.
„Was war denn das für eine Figur?", fragte Nikolas, aber Papa wusste es auch nicht. „Ein Bergarbeiter vielleicht? Oder ein Müller? Ehrlich gesagt bin ich da überfragt", gab er zu.
„Es könnte auch ein Bankräuber mit einem Sack voller Geldscheine sein!", rief Lilly lachend dazwischen. Die beiden schauten sie an, Papa belustigt, Nikolas hingegen leicht abschätzig. War seine Schwester nun albern oder naiv? Wer würde denn einem Verbrecher ein Denkmal setzen?
Auf dem Parkplatz wartete Frau Jakob bereits auf sie. Nachdem die Moorführerin sie begrüßt hatte, sagte Mama: „Ich muss zugeben, dass ich vom Hohen Venn noch nie etwas gehört habe."
„Das macht doch nichts. Sie werden es ja jetzt mit mir kennenlernen. ‚Venn' bedeutet ‚nasses Land'. Und da es ein Hochmoor ist, heißt es eben ‚Hohes Venn'", erklärte Frau Jakob. „Bei einem Hochmoor haben die Pflanzen keinen Kontakt zum Grundwasser und leben vom Regenwasser. Die Torfmoose können sehr viel Wasser speichern, aber es gibt sonst nur wenige Pflanzen, die mit diesen Bedingungen zurechtkommen. Ein paar werde ich Ihnen gleich zeigen. Kommen Sie mal mit!"
Frau Jakob ging voran zu einem Schild, auf dem eine Blume abgebildet war. Lilly, Nikolas und die Erwachsenen folgten ihr

neugierig. „Kennt ihr diese Pflanze?“
Alle schüttelten den Kopf.
„Zähl doch mal die Blütenblätter“, forderte Frau Jakob Lilly auf, was diese rasch erledigte.
„Sieben!“
„Genau, und erkennt ihr auch, welche Form die Blume hat?“
„Ja, sie sieht aus wie ein Stern!“, rief Nikolas. Lilly nickte zustimmend.
„Und schon wisst ihr den Namen dieser Pflanze: Sie heißt Siebenstern und ist das Symbol dieses Naturschutzgebietes. Sie ist ein Frostkeimer, das heißt, dass sie einen langen, kalten Winter braucht, um zu keimen. Und diese Bedingung findet sie hier vor“, erklärte Frau Jakob.
Da staunten sogar Mama und Papa. „Ist es hier wirklich so lange kalt?“, wollte Papa wissen.
„Ja, das Wetter ist hier recht rau. Falls Sie mal einen Ausflug nach Aachen machen, werden Sie feststellen, dass es dort in der Regel vier Grad wärmer ist als in der Eifel. Das ist besonders im Frühling und jetzt im Herbst gut zu beobachten. Die Bäume sind früher und länger grün als hier.“
„Das ist ja lustig“, meinte Nikolas und lachte. „Dann können wir ja eine Jahreszeitenreise nach Aachen machen.“
„Ihr solltet tatsächlich aufpassen, dass ihr euch nicht zu warm anzieht, wenn ihr dorthin fahrt. Da vertut man sich schnell. Aber ihr habt sowieso viel Glück mit dem Wetter. Es soll voraussichtlich die ganze Woche mild bleiben“, erzählte Frau Jakob.

„Hier ist es aber trotzdem ziemlich windig“, stellte Mama fest, während sie den Reißverschluss ihrer Jacke etwas höher zog, und auch Oma schlang sich noch schnell ihr Halstuch um.

„Das stimmt. Deshalb gehen wir heute auch ins nördliche Brackvenn. Das ist etwas geschlossener als das südliche, sodass wir von den Pflanzen ein wenig Windschutz bekommen.“ Frau Jakob ging los und erklärte dabei, worauf man achten musste, wenn man ins Venn ging. „Seht ihr die Fahnenstange? Was denkt ihr, was es bedeutet, wenn hier eine rote Fahne gehisst ist?“

„Dann darf man bestimmt nicht ins Venn gehen.“ Nikolas blickte an der Fahnenstange hinauf. „Heute ist aber nichts gehisst.“

„Genau, und deswegen dürfen wir weitergehen.“

„Hier vorne sieht es aber irgendwie gar nicht so schön aus.“ Mama deutete auf die Flächen am Rande des Weges, die recht unordentlich und matschig wirkten.

„Hier wurden viele Erlen gefällt, die dem Boden das Wasser entzogen haben. Man möchte die Landschaft renaturieren, also den ursprünglichen Zustand wiederherstellen. Das Gebiet ist dadurch bereits wieder viel nasser geworden, sodass auch einige Tiere hier heimisch werden, die lange Zeit verschwunden waren“, erklärte Frau Jakob und wandte sich an die Kinder. „Wir werden gleich Spuren von einem solchen Tier entdecken. Habt ihr eine Idee, welches Tier sich hier wohlfühlen könnte?“

Lilly zuckte mit den Schultern, während Nikolas ein wenig länger überlegte. „Vielleicht irgendwelche Wasservögel?“

Frau Jakob nickte: „Die meinte ich zwar nicht, aber das stimmt auch. Kraniche machen an diesem Ort zum Beispiel immer häufiger eine Pause auf dem Weg in den Süden. An dieser Stelle des Venns kann man aber ganz besonders gut die Arbeit der Biber erkennen.“

„Können wir auch Biber sehen?“, fragte Lilly aufgeregt.

„Leider nein, Biber sieht man so gut wie nie“, musste Frau Jakob sie enttäuschen, „aber wir können an verschiedenen Stellen erkennen, dass sie hier aktiv waren. Das ist auch ziemlich spannend zu beobachten.“

Gemeinsam ging die kleine Wandergruppe ins Venn hinein. Lilly, Nikolas und ihre Eltern, aber auch Oma und Opa staunten, auf welch besonderen Wegen es hier vorwärtsging: Alle mussten hintereinander auf schmalen Holzstegen laufen. Diese sorgten dafür, dass die Besucher keine nassen Füße bekamen, und sie verhinderten, dass sie die Landschaft kaputttrampelten. Frau Jakob ermahnte die Familie, die Wege nicht zu verlassen: „Als Kind bin ich mal an einer unbefestigten Stelle ins Venn hineingegangen und ziemlich tief eingesunken. Ich kam auch nicht mehr alleine heraus. Zum Glück waren ein paar Freunde von mir dabei, die schnell Hilfe geholt haben."

Lilly musste sofort an die Moorleichen denken, die sie mal in einem Museum gesehen hatte, und gruselte sich ein wenig. Sie achtete sorgfältig darauf, schön in der Mitte der Stege zu gehen.

Papa blieb immer wieder stehen und machte Fotos. Die Landschaft war einfach atemberaubend, gerade jetzt, wo sich alles bereits herbstlich rot färbte. „Was sind das alles für Pflanzen?", wollte er wissen.

„Hier wachsen Wollgras, Heide, Heidelbeeren, Moose, Flatterbinse und Pfeifengras, aber natürlich auch Birken und Weiden", wusste Frau Jakob. „Und schaut mal, hier vorne sind ein paar Brombeersträucher. Möchtet ihr die probieren?" Das wollten Lilly und Nikolas gerne. Auch Opa pflückte sich ein paar der reifen Beeren und bot den anderen Erwachsenen welche an. „Im Sommer kann man übrigens auf den Stegen manchmal lila Tierkot entdecken. Die Füchse mögen nämlich gerne die Heidelbeeren, die hier wachsen", schmunzelte Frau Jakob und brachte alle zum Lachen.

Dann zeigte die Expertin den Kindern, woran sie Flatterbinsen und Pfeifengras unterscheiden konnten: Nur die Flatterbinse hatte an ihrem Stiel einen Fruchtknoten. „Habt ihr schon mal etwas von einer Binsenweisheit gehört?"

Etwas hilflos schüttelten Lilly und Nikolas den Kopf.

„Das ist eine Weisheit, die keinen großen Wert hat. Die Flatterbinse war ebenfalls nicht sonderlich wertvoll, denn die Tiere, die die Menschen hielten, wollten sie nicht fressen. Aber man konnte dennoch etwas mit ihr anfangen. Macht doch mal den Stiel auf!", forderte Frau Jakob die Kinder auf und reichte ihnen jeweils eine Flatterbinse. Schnell hatte Nikolas das Äußere entfernt. Anschließend half er Lilly dabei, das Grüne abzuknibbeln.

Neugierig schaute Papa zu, was die Kinder aus dem Inneren zu Tage förderten.

„Möchten Sie mal fühlen?" Frau Jakob reichte ihm das schaumstoffähnliche weiße Mark und berichtete, dass die Menschen dieses früher getrocknet und in Öl getaucht hatten, sodass sie es als

Kerzendocht nutzen konnten. Das Pfeifengras hingegen wurde zum Putzen der Pfeifen benutzt.

Als sie weitergingen, machte Frau Jakob die Familie auf das niedergedrückte Gras aufmerksam: „Könnt ihr euch vorstellen, wer hier langgelaufen ist und das Gras so plattgemacht hat?“

„Die Biber?“, vermutete Lilly.

„Genau, hier kann man gut ihre Wege erkennen. Und jetzt schaut euch mal die Wasserfläche dort vorne an. Das ganze Wasser haben die Biber angestaut. Sie lassen es durch kleine Bächlein herunterlaufen und stauen dann einen See an. Dadurch werden ganze Gebiete überflutet. Darum mussten sogar schon mehrfach die Stege versetzt werden.“

Mama fand es faszinierend, wie man hier überall etwas von der Arbeit der Biber sehen konnte: „Es ist ja erstaunlich, dass diese Tiere die Landschaft so mitgestalten.“

„Allerdings.“ Frau Jakob nickte. „Jedes Mal, wenn ich hier mit einer Gruppe entlanggehe, sieht es anders aus. Da vorne ist ein Gebiet, welches die Biber schon wieder verlassen haben und das dadurch verlandet, also trockener wird. Das Pfeifengras wächst ganz schnell nach.“

„Guckt mal!“, rief Nikolas auf einmal aufgeregt und lief zu einem kleinen Baumstumpf, dem man genau ansah, dass hier ebenfalls die Biber am Werk gewesen waren. Auch Lilly fand die Wanderung nun überhaupt nicht mehr langweilig und bestaunte den sorgfältig abgenagten Baumstamm. Frau Jakob konnte ihnen sogar orangefarbene Biberzähne zeigen, die sie in ihrem Rucksack

mitgebracht hatte. Sie erklärte ihnen, dass diese bei den Bibern weit in den Schädel hineinragten, denn immerhin ist beim Fällen von Bäumen einiges an Kraft gefragt. „Überdies gibt es bei den Bibern die Besonderheit, dass ihre Zähne ein Leben lang nachwachsen."

„War der Biber denn ursprünglich hier beheimatet?", wollte Opa wissen.

„Ja, aber er war zwischenzeitlich komplett ausgerottet. Zum einen wurde er wegen seines Fells gejagt, zum anderen hat man ihn früher auch gegessen. Katholiken durften in der Fastenzeit kein Fleisch essen, aber Fisch war erlaubt und so erklärte man kurzerhand den Biber zum Wassertier und somit zur erlaubten Speise während der Fastenzeit. Vor einigen Jahren hat man dann wieder Biber ausgesetzt, die sich gut vermehren", erklärte Frau Jakob.

7.

Geheimnis im Moor

Papa blieb wieder einmal stehen, um ein herbstliches Foto zu schießen. Ein Schrei ließ ihn herumfahren. Erschrocken sah er gerade noch, wie Nikolas vom Holzsteg fiel. Mama, die neben Nikolas stand, packte ihn mit superheldenmäßigen Reflexen und zog ihn sofort wieder hoch. Doch ein Gummistiefel blieb im morastigen Boden stecken.

Vorsichtig beugte sich Lilly nach vorne und griff nach dem Stiefel, der voller Wasser gelaufen war. „Oh je, da bekommst du aber nasse Füße!“ Schnell kippte sie das Wasser aus und reichte ihrem Bruder seinen Stiefel. „Hast du denn nicht aufgepasst? Bloß gut, dass du nicht tiefer eingesunken bist!“

„Ich wollte mir da vorne eine Brombeere pflücken und bin an den Rand getreten. Dann bin ich irgendwie abgerutscht. Aber so gefährlich ist das ja nun auch nicht“, versuchte Nikolas seinen Schreck zu überspielen. Von seinen Hosenbeinen tropfte es.

„Ist denn alles in Ordnung?“ Besorgt sah Mama ihren Sohn an, der stumm nickte. Seine Hände, mit denen er sich auf dem brombeerbewachsenen Boden abgefangen hatte, taten weh. Mit der rechten Hand war er an etwas Kleines, Hartes gestoßen, das er nun festhielt. „Na, dann ist ja alles gut. Zieh schnell deine Hose aus und nimm die hier.“ Mama holte aus ihrem Rucksack eine Ersatzhose

heraus, die sie, wie immer, vorsorglich eingepackt hatte. Auch wenn sie mit dem Wetter Glück hatten, konnte man sich im Herbst mit nasser Kleidung leicht erkälten.

Nikolas schaute auf den Gegenstand in seiner Hand. Es war eine kleine Blechdose, die an einigen Stellen stark rostete. Solche

Schätze konnte Nikolas immer gut gebrauchen. Schnell steckte er die Dose in seine Jackentasche und zog sich dann mitten auf dem Steg um.

„Müssen wir noch lange auf den Stegen gehen?" So richtig geheuer war Lilly das Moor nun nicht mehr. Außerdem wurde sie auch langsam etwas müde.

„Nein", beruhigte Frau Jakob sie. „Da vorne kommen wir schon auf die Brandschneise, die uns wieder auf den geteerten Weg führen wird."

„Brandschneise? Was heißt das?", wollte Nikolas wissen.

„Zum einen kommt die Feuerwehr dort gut lang und zum anderen wird ein mögliches Feuer daran gehindert, auf die Wälder überzugreifen. Und wir können dort prima entlangspazieren."

Tante Sarah nahm die Kinder an die Hand, sobald sie den schmalen Steg verlassen hatten. „Schön, dass wir das hier zusammen erleben. Ich war bisher auch noch nicht im Venn und bin froh, dass ich es nun ein wenig näher kennengelernt habe."

Lilly hüpfte neben ihr her. Sie fand es immer schön, wenn viele Familienmitglieder zusammen waren. Trotzdem war sie auch froh, dass der Rückweg nicht mehr allzu weit war.

Als sie wieder auf dem Parkplatz ankamen, lief Frau Jakob schnell zu ihrem Auto, um zum Abschluss für die Kinder eine kleine Überraschung zu holen. Lilly und Nikolas bekamen je ein Plakat mit einem Tier aus dem Nationalpark. Lilly hatte ein Bild von einer Wildkatze erhalten und Nikolas freute sich über den Eisvogel mit seinem leuchtend blauen Gefieder.

Tante Sarah bedankte sich für die tolle Führung und schlug dann vor, noch ein Stück weiter nach Belgien in ein kleines Naturzentrum zu fahren. „Das ist bestimmt auch für die Kinder spannend, denn dort geht es vor allem um die im Hohen Venn beheimatete Tierwelt. Dafür interessiert ihr euch doch, oder?“

„Ja!“ Lilly und Nikolas antworteten beinahe gleichzeitig und mussten lachen.

Mama und Papa waren einverstanden. „Wo genau müssen wir hin?“, wollte Papa wissen, bevor sie ins Auto stiegen.

„Zum Naturzentrum Haus Ternell. Das ist ein Venn- und Waldmuseum und gehört zum Haus Ternell. Ihr müsst einfach der Straße noch ein kleines Stück folgen, dann seht ihr es schon“, gab Tante Sarah ihnen Auskunft.

Nikolas freute sich: „Toll, dass wir noch weiter nach Belgien fahren. Das ist dann ja heute ein richtiger Auslandsausflug!“

„Stimmt“, sagte Mama. „Allerdings sprechen die Leute hier Deutsch. Wir müssten also alles gut verstehen können.“

Im Auto fiel Nikolas die Dose wieder ein. Er holte sie aus seiner Jackentasche hervor und betrachtete sie genauer. Viel zu erkennen war auf der kleinen Blechdose nicht mehr, denn sie rostete an den meisten Stellen.

Nikolas erkannte ein paar gelbe Blumen auf einem rosafarbenen Hintergrund.
Schließlich öffnete er sie und fand in ihr zu seinem großen Erstaunen einen zusammengefalteten Zettel, der ziemlich alt aussah und ein wenig verdreckt war. Vorsichtig nahm er ihn heraus. Als er sah, dass Lilly ihn neugierig beobachtete und gerade den Mund aufmachte, um ihn zu fragen, was er dort hatte, legte er schnell den Zeigefinger auf die Lippen. Er wollte nicht, dass seine Eltern etwas von seinem Fund erfuhren, denn er hatte das Gefühl, etwas Wichtiges entdeckt zu haben. Lilly verstand ihn sofort. Immerhin hatten die beiden schon einige Male gemeinsam Rätsel gelöst und waren dann stolz darauf gewesen, es ohne die Hilfe Erwachsener geschafft zu haben. Ob sich in dieser Dose wohl tatsächlich ein neues Rätsel verbarg?
Gespannt schaute Nikolas auf den Zettel, auf dem etwas stand. Es schien ein Brief zu sein. Nikolas konnte die Worte „Mein lieber" entziffern. Auf dem nächsten Wort befand sich allerdings ein großer Erdfleck, der es unleserlich machte. Nikolas versuchte, den Dreck wegzuwischen, aber dadurch wurde es nicht besser. Aufgeregt faltete er den Zettel wieder zusammen. Hier im Auto konnte er ihn nicht vorsichtig genug säubern. Das musste also leider bis zum Abend warten. Und dann konnte er den Rest des Briefes gleich mit seiner Schwester gemeinsam lesen.
Nikolas hatte gerade die Dose zurück in seine Tasche gesteckt, da waren sie auch schon angekommen.

8.

Wissensrallye im Naturzentrum Haus Ternell

Das Museum war wirklich sehr klein und sie waren die einzigen Besucher. Die Mitarbeiterin an der Information schloss ihnen die Museumsräume auf, stellte ihnen einen Film über das Venn und die Renaturierung der Moorlandschaft an und gab jedem Kind einen Bogen mit einer Rallye durch das Museum in die Hand. Sie beschlossen, erst einmal das Museum zu erkunden, bevor sie den Film ansahen.

Während Nikolas sich direkt die erste Frage der Rallye durchlas, lief Lilly erst einmal durch alle Räume. „Papa, guck mal, da oben sind ganz viele Tiere!“ Lilly zog Papa eine kleine Treppe hinauf. Ringsherum in dem Raum konnte man viele präparierte Säugetiere sehen, die im Hohen Venn leben. Auch Nikolas hatte seine Rallye nun erst einmal beiseitegelegt und folgte den beiden neugierig. Als Lilly ihn kommen sah, sagte sie: „Hier gibt es auch Rehe und Hirsche. Weißt du noch, wie man die Frau vom Reh nennt? Es fällt mir gerade nicht mehr ein.“

„Ja, klar. Die heißt Ricke. Und da vorne steht ja auch die Hirschfamilie: Hirsch, Kuh und Kalb.“ Nikolas zeigte jeweils auf die genannten Tiere.

„Jetzt kannst du übrigens doch noch einen Biber sehen, Lilly.“ In der Nähe eines Fuchses hatte Papa das Tier entdeckt, über das sie heute

schon so viel gehört hatten.

Als sie die Treppe wieder hinunterstiegen, um die anderen Räume zu besichtigen, blieb Lilly ein wenig erschrocken stehen. In der Vitrine vor ihnen sah man einen hungrigen Wolf, der sich über ein Reh beugte. „Leben die etwa auch hier?“

„Nein, mein Schatz“, beruhigte Papa sie. „Da steht etwas von Tieren, die hier früher gelebt haben. Außerdem brauchen wir Menschen uns vor Wölfen nicht zu fürchten. Das sind ganz scheue Tiere. Warte mal, dort steht etwas dazu.“ Papa las sich die kleine Infotafel durch und berichtete dann, dass früher Karl der Große in dieser Gegend sogar Bären und Luchse gejagt hatte.

„Okay.“ Lilly war beruhigt. Und Karl der Große war ja nun schon ganz schön lange her. Sie schlenderte weiter und schaute sich mit den

Großeltern im nächsten Raum die Greifvögel an. Nikolas las Lilly vor, was Mäusebussarde gerne fressen.

In der Vitrine, in der der Lebensraum „Haus und Hof“ dargestellt wurde, entdeckte Lilly einen Siebenschläfer und war ganz begeistert. „Mama, erinnerst du dich an meine Bücher über Bobo Siebenschläfer? Jetzt weiß ich endlich, wie ein Siebenschläfer in Wirklichkeit aussieht!“

Mama lachte: „Oh ja! Die Bücher wolltest du eine Zeitlang immer wieder hören und ich konnte sie irgendwann einfach nicht mehr lesen.“ Dann zeigte sie auf den Raum mit dem Fernseher. „Sollen wir uns den Film gemeinsam ansehen?“ Alle waren einverstanden.

Nikolas war besonders von dem großen Hirsch begeistert, der auf einmal durch das Bild lief, und beide Kinder genossen die Filmaufnahmen von den Kranichen, die sich im Hohen Venn niederließen. Sie verfolgten auch gespannt, wie das Pfeifengras

durch Schafe niedrig gehalten wurde, weil es andere Pflanzen unterdrückte und die Artenvielfalt gefördert werden sollte.
Als der Film zu Ende war, wollten die Kinder noch die Rallye fertig machen. Nikolas las alle Fragen vor und gemeinsam suchten sie nach den Antworten. Da sie bereits in allen Räumen gewesen waren, konnten sie die meisten Fragen schnell beantworten. Nachdem die nette Frau an der Information ihnen Bonbons als Belohnung für die erfolgreich gemeisterte Rallye gegeben hatte, ging es zurück zum Ferienhof. Auf dem Weg hatten sie zu beiden Seiten noch einmal einen tollen Ausblick auf das Venn.
Kaum waren Lilly, Nikolas und ihre Eltern auf dem Hof angekommen und hatten es sich in der Ferienwohnung gemütlich gemacht, erhielt Papa schon eine Nachricht von Tante Sarah. Sie schickte einen Link zu einem Biberquiz auf der Seite des Nationalparks.
„Na, deine Schwester kümmert sich aber wirklich gut um uns", lachte Mama. „Wollt ihr denn mal euer Wissen testen? Ihr seid doch jetzt bestens vorbereitet." Beide Kinder hatten Spaß daran, die Fragen zum Biber zu beantworten und sie wussten durch den Ausflug tatsächlich eine Menge.
Bei der einen oder anderen Frage mussten sie auch über die Antwortmöglichkeiten lachen und hatten auf diese Weise schnell die richtige Lösung heraus. „Die ziehen sich doch kein Taucherfell zum Schwimmen an." Lilly kicherte. „Stell dir das mal vor!"
Nikolas lachte ebenfalls und wählte das dichte, wasserabweisende Fell als richtige Antwort zu der Frage nach dem Kälteschutz im Wasser aus.

9.

DIE GEHEIMNISVOLLE DOSE

Als die Eltern nach dem Gutenachtsagen das Zimmer verließen, holte Nikolas unter seiner Bettdecke die Blechdose hervor, die er dort zuvor versteckt hatte.

„Lilly, komm mal zu mir rauf! Ich habe im Venn etwas gefunden“, rief Nikolas leise nach seiner Schwester, die sofort die Leiter hochgeklettert kam.

„Was ist das? Warum tust du so geheimnisvoll?“ Lilly hatte die Dose, die sie bei Nikolas kurz im Auto gesehen hatte, schon fast vergessen, aber nun war sie ziemlich neugierig. Wenn Nikolas sich so geheimnistuerisch verhielt, ging es meistens um etwas Spannendes.

„Ich weiß auch noch nicht genau, was es ist, aber ich habe diese Dose im Moor gefunden, als ich vom Steg gefallen bin. Vielleicht ist es gar nichts Wichtiges, aber vielleicht doch. Schau mal, die sieht doch richtig alt aus, oder?“ Nikolas zeigte Lilly die Dose. Dann öffnete er sie. „Es ist sogar ein Brief drin. Warte, ich lese ihn dir vor.“

Das Papier in Nikolas’ Händen zitterte. Was wohl in dem Brief stand? Er musste sich viel Mühe geben, um die Schrift zu entziffern.

„Hä, was heißt das und was ist das für ein komisches Zeichen?“, fragte Lilly verwirrt.

„Mensch, Lilly, das ist ein Rätsel! Das müssen wir lösen.“ Nikolas war aufgeregt.

Mein lieber

auch wenn jeder von der Sache weiß, müssen wir bei der Übergabe des schwarzen Goldes vorsichtig sein. Ich war heute Nacht wieder auf den geheimen Pfaden durch die Wildnis unterwegs, möchte dich aber zur Übergabe an einer anderen Stelle treffen, damit uns niemand auf die Schliche kommt. Wundere dich also auch nicht über meine Schreibweise. Ich möchte mich lieber nicht so klar ausdrücken, aber du wirst mich sicherlich verstehen. Wir treffen uns dieses Mal nicht in der Stadt der Tuchmacher, sondern hier K R L S, und zwar an der Stelle, an der es erquicklich stinkt.

Dein alter Freund

„Aber ich verstehe gar nicht, worum es geht.“
„Ich auch nicht, aber das finden wir bestimmt heraus. Was für ein Fund! Ich glaube, der Brief ist sehr alt.“ Vor Begeisterung konnte Nikolas kaum stillsitzen. Er musste aufpassen, dass er nicht so laut redete, dass die Eltern ihn hörten.
„Es könnte aber auch sein, dass der Brief noch gar nicht so lange dort gelegen hat“, überlegte Lilly. „Metall rostet schnell, wenn es die ganze Zeit im Nassen liegt.“
Nikolas sah seine Schwester an. „Du meinst also“, flüsterte er nervös, „ich könnte eine wichtige Nachricht abgefangen haben?“
Lilly sah, dass ihrem Bruder nun ein wenig mulmig wurde. „Das wäre schon möglich. Aber wer versteckt wichtige Nachrichten heimlich in einer Blechdose in einem Moor?“, versuchte sie, Nikolas zu beruhigen. Aber nun war sie selbst aufgeregt und murmelte: „Es sei denn, da führt jemand was im Schilde!“
Einen Moment lang schauten die Geschwister einander an. Dann fuhr Lilly, nun ganz in ihrem Element, mit funkelnden Augen fort: „Außerdem, wenn der Brief wirklich alt wäre, müsste ihn nicht schon längst jemand gefunden haben?“ Sie sah ihren Bruder an und musste ein Grinsen unterdrücken. Zwar meinte sie ernst, was sie sagte, aber es machte auch Spaß, ihm einen kleinen Schrecken einzujagen.
Doch nun konnte Nikolas erleichtert aufatmen. Gut, dass seine Schwester nicht immer alle Details im Blick hatte. „Dass ihn noch niemand gefunden hat, ist gar nicht so verwunderlich“, meinte er. „Der Weg, den wir dort gegangen sind, war doch gerade erst neu angelegt worden, weil andere Wege von den Bibern überschwemmt

wurden, und die Stelle, an der die Dose lag, sah genauso aus wie der Rest des Weges. Die Nachricht wurde bestimmt nicht mit Absicht dort platziert."

Lilly nahm den Zettel vorsichtig in die Hand. Das Papier war ziemlich dünn und zerknittert. Dann überflog sie noch einmal die Schrift.

„Also, wie alt die Nachricht wirklich ist, können wir wohl erst einmal nicht klären“, versuchte sie, einen Kompromiss zu finden. „Aber worum geht es überhaupt? Ich verstehe fast kein Wort“, musste sie zugeben. „Allein diese Stelle, an der es ‚erquicklich stinkt‘, klingt doch schon komisch. Wie soll das denn gehen?“ Lilly gähnte. Ihren Bruder auch mal ein wenig zu erschrecken, machte ja Spaß, aber langsam wurde sie müde. So spät am Abend völlig im Dunkeln zu tappen, machte ihren Kopf nicht unbedingt leichter.

„Mir ist auch noch nicht klar, worum es geht und was das heißt, aber lass uns noch mal lesen. Haben wir ‚schwarzes Gold‘ nicht schon mal irgendwo gehört?“ Nachdenklich starrte Nikolas an die Zimmerdecke und sprang dann auf: „Ja, genau! Wird Kohle nicht ‚schwarzes Gold‘ genannt?“

Lilly nickte, war aber weiterhin skeptisch: „Stimmt, das haben wir im Erzgebirge gelernt, aber was hat das mit der Eifel oder mit dem Hohen Venn zu tun? Vielleicht ist ja doch etwas anderes damit gemeint.“

„Möglich.“ Nikolas ließ sich dennoch nichts von seiner Begeisterung nehmen. „Guck doch mal hier, hier steht etwas von Wildnis. Hat der Ranger auf dem Schiff gestern nicht etwas von Wildnis erzählt? Dieser Freund war bestimmt im Nationalpark unterwegs.“

„Du hast recht. Das könnte sein.“ So langsam fing auch Lilly Feuer. „Jetzt müssen wir nur noch herausfinden, was es mit diesem Symbol auf sich hat. In der Stadt der Tuchmacher wollen sie sich nicht treffen, aber wir wissen ja nicht einmal, um welche Stadt es dabei geht.“

„Nein, noch nicht, aber das finden wir raus. Lilly, ich glaube, das werden verdammt spannende Ferien. Es geht hier um irgendetwas Verbotenes, sonst würde der Typ nicht so geheimnisvoll schreiben. Lass uns dieses Rätsel lösen, Lilly! Und den Erwachsenen sagen wir erst einmal nichts von der Dose und dem Brief, okay?“ Nikolas konnte vor Aufregung kaum einen vernünftigen Gedanken fassen.

Seine kleine Schwester war etwas zurückhaltender, auch wenn es ihr Freude bereitete, gemeinsam mit ihrem Bruder etwas herauszufinden. Aber hoffentlich ging es nicht um etwas Gefährliches!

„Ach was“, beruhigte Nikolas sie. „Das ist irgendeine alte Sache. Das sieht man doch an der Dose und an dem Brief.“ Lilly überlegte kurz. Sie hielt es immer noch für möglich, dass der Brief in der Dose erst vor Kurzem geschrieben worden war. Und wenn es da tatsächlich um krumme Geschäfte ging, konnte die Sache also durchaus noch gefährlich werden. Doch dann schaute sie auf und sah die leuchtenden Augen ihres großen Bruders. Leise lächelte sie. Den würde niemand mehr umstimmen können.

„Na gut. Wir beide sind ein super Team!“ Lilly hielt Nikolas ihre Hand hin, welche dieser sofort ergriff. Damit war der Pakt besiegelt. Ohne Erwachsenenhilfe wollten die Kinder herausbekommen, was es mit dem Brief auf sich hatte.

10.

EIN ERSTER HINWEIS IM NATIONALPARK

Mama und Papa hatten mit Tante Sarah beschlossen, am nächsten Tag den Nationalpark näher kennenzulernen. Darauf freute sich auch Opa ganz besonders.

Mama war sich nicht sicher, wie die Pläne bei den Kindern ankommen würden, denn Nationalpark hieß auch, dass ein wenig gewandert werden würde. Umso erstaunter war sie, als sie von Lilly und Nikolas die volle Zustimmung bekam. Lilly wollte zwar erst kurz protestieren, denn immerhin waren sie gestern schon viel durchs Venn gelaufen, doch Nikolas stupste sie an und flüsterte ihr zu: „Hey, Lilly, das ist doch super. Im Nationalpark sind wir in der Wildnis." Stumm deutete er auf den Brief in seiner Hosentasche. Lilly verstand sofort und wurde ganz aufgeregt. Ob die Wildnis im Nationalpark wohl etwas mit den Pfaden des Briefeschreibers zu tun hatte?

Bevor sie sich ins Auto setzten, erkundigte Papa sich bei Iris Victor nach dem Weg zum Nationalpark-Zentrum Vogelsang, welches sie zuerst besuchen wollten. „Sie müssen nicht über die Serpentinen fahren, sondern können auch den Weg über Monschau nehmen. Das ist etwas weiter, aber angenehmer zu fahren. Zum ‚Wilden Kermeter', dem Wanderweg durch den Nationalpark, kommen Sie aber um ein paar Kurven in Gemünd nicht ganz herum." Papa bedankte sich und Mama konnte beruhigt das erste Ziel des Tages mit dem Auto

ansteuern.

Die Kurven um Monschau herum machten ihr nichts aus. Auf dem Weg kamen sie an einigen sehr hohen Hecken vorbei. Nikolas stellte staunend fest: „Die haben sogar richtige Tore und Fenster. Das sieht ja cool aus!"

„Stimmt, aber sie dienen vor allem Windschutz", wusste Papa.

Auf dem Parkplatz von Vogelsang trafen sie Tante Sarah, Oma und Opa, die bereits auf sie warteten. Gemeinsam liefen sie zum Nationalpark-Zentrum, während Opa Papa und Mama etwas über die Geschichte des Ortes erzählte.

Lilly verstand nicht viel von dem, was Opa über die Zeit vor dem Zweiten Weltkrieg sagte, aber dafür entdeckte sie etwas anderes:

„Mama, guck mal, hier gibt es eine Haltestelle für Kutschfahrten! Oh, bitte, können wir mit einer Kutsche fahren? Bitte, bitte."
Mama schaute sich den Haltestellenplan an und musste Lilly enttäuschen: „Heute fährt leider keine Kutsche. Schade, das wäre sicher eine tolle Sache gewesen."
Lillys Enttäuschung hielt nur kurz an, denn im Nationalpark-Zentrum gab es viel zu sehen und der Mitarbeiter an der Infotheke sagte ihnen, dass sie alles anfassen dürften, was man ohne Weiteres erreichte. Dennoch zögerte Lilly ein wenig, als sie die kleinen Biber in ihrer Burg sah. „Darf man die echt streicheln?"
„Klar."
Nikolas strich vorsichtig über das Fell eines Bibers. Das fühlte sich richtig schön weich an. Dann marschierte er zur nächsten Station, um zu schauen, ob seine Sinne so gut wie die verschiedener Tiere funktionierten. Die Maus konnte er aus weiter Ferne nicht so gut erkennen wie ein Greifvogel, aber er fand heraus, welche Wärmeplatte wärmer als die andere war. Nikolas lachte: „Ich wäre eine gute Ameise."
Lilly kam neugierig näher und gemeinsam probierten sie das Geruchsmemory aus. „Iii ..., was ist das denn?" Etwas angeekelt stellte sie eine Geruchsdose zurück und schaute unter der Tafel nach dem Namen der Pflanze. „Baldrian", las sie vor. Zum Glück gab es auch angenehm riechende Dosen mit Kamillen- oder Wildrosenduft.
Tante Sarah hatte den Filmraum entdeckt und machte die Kinder darauf aufmerksam, dass sie hier noch ein wenig mehr über den

Biber erfahren konnten. Lilly und Nikolas mussten lachen, als sie sahen, dass Biber auf zwei Beinen laufen konnten. Nach dem Film schaute sich Nikolas die weitere Filmauswahl an: „Guck mal, Lilly, hier gibt es auch einen Film über die Wildnis in Deutschland. Lass uns den anschauen!"

„Hast du mitgekriegt, was sie alles über die Wildnis gesagt haben?", fragte Nikolas, als sie das „Kino" verlassen hatten. Lilly nickte. In dem Film wurde die Wildnis als „faszinierend" bezeichnet – „zugleich Zukunft als auch Heimat", was auch immer das bedeuten sollte. Nachdem die Kinder an einer anderen Station weitere Informationen über die Wildnis über Kopfhörer bekamen, waren sie sich nicht mehr so sicher, ob der Nationalpark in dem Brief gemeint war. Aber glücklicherweise sollte es am Nachmittag ja in die waschechte Wildnis gehen.

Vorher wollten beide aber gerne noch die Frage an dem Computer beantworten: „Was bedeutet Wildnis für Sie?"

„Wildnis ist Natur." Lilly fand die Frage recht einfach. Nikolas musste ein wenig länger überlegen. „Hm, vorhin haben sie etwas darüber gesagt, dass die Wildnis manchen Menschen Angst macht. Mir macht sie überhaupt keine Angst. Ich finde sie spannend." Er tippte „Wildnis ist ein Abenteuer" ein.
Auch die Erwachsenen überlegten, was „Wildnis" für sie bedeutete. Oma und Opa wollten die Wildnis gerne schützen, während Mama meinte, dass sie „Wildnis" einfach schön fände und sie ihr guttun würde.
„Komm mal mit, Nikolas!" Opa wollte ihm gerne zeigen, wie sich die Baumrinde im Laufe von jeweils 100 Jahren veränderte. Nikolas staunte: „In der Schule haben wir mal gelernt, dass die Rinde einer Buche an Elefantenhaut erinnert, aber eine 300-jährige Buche sieht ja ganz anders aus."
„Hier vorne kannst du auch die Veränderung der Buche über mehrere Jahre sehen." Opa zeigte auf große Vorhänge. „Leider werden die meisten Buchen gar nicht so alt. In einem Wirtschaftswald werden sie meistens bereits im jugendlichen Alter von 140 Jahren gefällt."
Nikolas kicherte. Er fand die Vorstellung einer Teenager-Buche witzig, aber er musste Opa zustimmen, dass es schade war, dass viele Buchen nicht länger stehen bleiben durften. Für viele Tierarten wurden erst weitaus ältere Bäume interessant.
Nun gingen alle gemeinsam in den dunklen Raum. Nachdem sie sich an die Finsternis gewöhnt hatten, stellten sie sich auf verschiedene Positionen, von denen aus man einen besonderen Blick auf die großen Kugeln in der Mitte hatte. Hautnah konnten sie den Lauf der

Jahreszeiten miterleben. Über ihnen zogen dunkle Wolken auf, es gewitterte und regnete auf den Kugeln, Tiere kamen ihnen entgegen und im Hintergrund hörte man Vögel rufen.

„Das war cool!“ Nikolas war ganz begeistert und auch Lilly hatte diese besondere Vorführung gefallen.

Zu guter Letzt schauten sie sich in dem Raum um, der die Gefährdung der Artenvielfalt durch den Klimawandel und die Umweltverschmutzung ansprach. Lilly drehte mit Tante Sarah die Tafeln um, die ihnen verrieten, was sie selbst zum Schutz von Tieren beitragen konnten.

„Wir benutzen gar keine Plastiktüten mehr. Mama und Papa haben immer Stoffbeutel im Auto liegen“, erzählte Lilly ihrer Tante und war stolz darauf, dass sie bereits etwas für die Natur taten.

Nikolas war inzwischen schon weiter vorgegangen und schaute sich riesige Stapel aus Papier an, die zeigen sollten, aus welchen Wäldern

das Papier für Deutschland kommt. Auf der anderen Seite konnte man sehen, wo es auf der ganzen Welt noch unberührte Urwälder gab. „In Europa sind ja fast alle Wälder zerstört!“, rief Nikolas entsetzt.
Oma kam zu ihm und schaute sich die Grafik ebenfalls an. „Du hast recht. Zumindest sind es keine Urwälder mehr, sondern Wälder, die von dem Menschen genutzt werden.“
„Wie blöd“, schimpfte Nikolas, „die Wildnis verschwindet überall.“
„Deswegen kaufe ich euch immer die Hefte aus recyceltem Papier.“ Mama sah ihm über die Schulter. „Das Papier sieht dann vielleicht nicht so schön aus, aber es müssen dafür keine weiteren Bäume abgeholzt werden. Es ist doch schade, wenn für Papier ein Teil der Wildnis zerstört wird, oder?“, fragte Mama. Lilly und Nikolas nickten. Für die Natur konnten sie auf schickes weißes Papier gut verzichten.
Sie waren nun am Ende der Ausstellung angekommen. Beim Rausgehen erhielten sie von dem Mann an der Infotheke noch ein Mini-Malbuch, das das Ausmalbild einer Wildkatze und ein paar Rätsel enthielt.
Bevor sie sich etwas zum Essen holen wollten, durften die Kinder noch im Museumsshop stöbern. Beide entschieden sich dafür, einen Teil ihres Urlaubsgeldes in einen Bleistift mit einer Holzfigur zu investieren. Lilly wollte den Stift mit der Fledermaus haben, während Nikolas den Specht toll fand. Es sah so aus, als würde er an den Bleistift klopfen. Auch Mama fand eine Kleinigkeit. Dem Schlüsselanhänger mit dem Feuersalamander konnte sie einfach nicht widerstehen.

11.

DURCH DIE WILDNIS

Nach dem Essen hatten sie noch etwas Zeit, bevor die Führung am Wanderweg „Wilder Kermeter“ losging. Darum sahen sie sich den „Wilden Weg“ an. Er hielt mehrere Stationen bereit. Lilly und Nikolas liefen direkt auf die Holzbrücke und staunten an einer Infostation über die verschiedenen Fraßspuren, die Käfer in der Baumrinde hinterlassen. Papa bewunderte die untereinanderliegenden Spechthöhlen.

Auf einmal rief Nikolas lachend: „Achtung, Ameisengefahr!“ Die anderen drehten sich verwundert um und sahen, dass er auf eine Art Verkehrsschild zeigte. Auf dem dreieckigen Schild mit rotem Rand waren tatsächlich Ameisen abgebildet. Von da an hatten Lilly und Nikolas großen Spaß daran, weitere lustige Schilder ausfindig zu machen, auf denen man sogar vor Mistkäfern gewarnt wurde.

„So gefährlich werden die ja wohl nicht sein“, kicherte Lilly.

„Pass auf, dass sie dich nicht mit Mist bewerfen!“ Tante Sarah lachte.

Interessiert schaute sich die Familie an, was in einer Spirale mit verschiedenen Figuren gezeigt wurde. Hier konnte man die Geschichte des Nationalparks nachvollziehen. Nikolas drückte auf den Knopf, sodass sie alle hören konnten, wie vor über 2.000 Jahren die Römer hier einen Urwald vorfanden und was dann im Laufe der Jahrhunderte mit diesem geschehen war. Als sie weitergingen,

meinte Lilly: „Schade, dass die Menschen den Wald hier fast verdrängt haben.“
„Ja“, stimmte Oma ihr zu. „Aber jetzt versucht der Mensch, den Schaden wieder gutzumachen.“
An den weiteren Stationen des Weges erfuhren sie noch so einiges über den Wald und seine Bewohner. Am meisten Spaß hatten Lilly und Nikolas aber am Balancieren über einen längeren Holzstamm-Parcours, den sie direkt zweimal nacheinander bewältigten.
Die Erwachsenen wollten nicht ein weiteres Mal über die Baumstämme klettern und gingen schon weiter. Dabei blieben sie immer wieder stehen, denn überall waren Tafeln mit Aussagen zur Wildnis und Natur angebracht. Nun kamen auch die Kinder angerannt und lasen, was verschiedene Menschen zu erzählen hatten.
Nikolas deutete auf ein Schild: „Ich kann diesem Otto von Bismarck nur zustimmen. Ich finde Menschen auch komisch, die die Natur nicht mögen.“ Lilly nickte zustimmend.
Am Ende des „Wilden Weges“ entdeckten sie ein lustiges Schild. „Baustelle Wildnis“ stand darauf und es wurde mit einer Fertigstellung der Baustelle im Jahre 2250 gerechnet.
„Ui, das dauert aber lange“, staunte Lilly. „Da leben wir ja gar nicht mehr.“
„Wir nicht, aber hoffentlich unsere Nachkommen, und die sollen doch auch noch einen richtigen Wald kennenlernen können“, meinte Papa. Gerade noch rechtzeitig kamen sie zu dem Treffpunkt für die eigentliche Wanderung. An dem Rangerhut, der den

Treffpunkt markierte, hatten sich mehrere Menschen versammelt, darunter zwei weitere Familien mit Kindern.

Der Ranger stellte sich als Martin vor. Die Besucher folgten ihm auf dem breiten Weg in den Wald hinein. Schon nach wenigen Metern blieb er stehen und zeigte auf ein krabbelndes Insekt: „Wisst ihr, was das für ein Käfer ist?“

Lilly wollte gerade antworten, dass dies ein Mistkäfer sei, als ein anderer Junge in ihrem Alter die Antwort schon rief. Lilly schaute ihn ein wenig böse an, aber das merkte er gar nicht.

Er nahm den Käfer auf die Hand und reichte ihn dann an Lilly und Nikolas weiter. „Kommt mit, wir können schon ein Stück vorlaufen“, forderte er die beiden leise auf. Da machten Lilly und Nikolas gerne mit, aber die Mutter des Jungen rief ihn schnell wieder zurück: „Emil, warte! Der Ranger möchte uns noch etwas erzählen.“

Bedauernd zuckte Emil mit den Schultern und die Kinder kamen zurück zur Gruppe. Emils Mutter stand mit einem weiteren Kind im Buggy neben Mama und sagte gerade: „Wir gehen hier öfter spazieren, da kann ich auch Oskar im Kinderwagen prima mitnehmen.“ Dann hörten sie alle dem Ranger zu.

„Im Nationalpark soll sich der Wald wieder natürlich entwickeln. Eigentlich ist hier die Rotbuche heimisch, doch sie wurde fast vollständig ausgerottet. Stattdessen wurden viele Fichten angepflanzt, die schnell wachsen und gutes Bauholz abgeben. So konnte man mit dem Wald viel Geld verdienen. Nun soll sich aber die Rotbuche wieder durchsetzen und wir gehen auch davon aus, dass sie es schafft, ohne dass vorher alle Bäume gefällt werden müssen, denn die Rotbuche verträgt Schatten gut. Schaut mal in den Wald! Was fällt euch auf, wenn ihr mal nur auf die Buchen achtet?“

Neugierig blickten sich die Kinder um. Lilly fiel nichts Besonderes auf, aber Nikolas hatte eine Idee: „Sie sind alle noch ganz dünn.“

„Genau. Es sind noch junge Buchen und vor allem sind sie fast alle gleich hoch. Es wird viele Jahre dauern, bis ein richtiger Urwald entsteht, dessen Bäume alle unterschiedlich hoch sind.“

Ranger Martin wollte gerade weitergehen. Da fiel ihm noch etwas ein: „Manche finden es in diesem Wald ein wenig unordentlich. Das liegt daran, dass wir abgestorbene Bäume nicht herausholen. Sie dürfen hier liegen bleiben, da sie wichtig für Tiere und Pflanzen sind.“

Nun ging es aber endlich richtig los. Die Kinder durften voranlaufen. Sie suchten sich dicke Stöcke als Wanderstäbe und Lilly steckte sich ein paar besonders schöne Fichtenzapfen in die Jackentaschen. Ab und zu blieb der Ranger stehen und erzählte etwas zu den hier vorkommenden Pflanzen und Tieren. Schließlich erreichten sie den Aussichtspunkt, von dem aus man einen tollen Blick auf den Rursee

hatte. „Dort sind wir schon mit dem Schiff langgefahren“, erzählte Lilly dem Ranger stolz.
„Habt ihr eine Schifffahrt mit einem Ranger unternommen?“, wollte Martin wissen. Die Geschwister nickten. „Dann kennt ihr vielleicht schon ein paar der Bildkarten, die ich mitgebracht habe.“ Martin holte aus seinem Rucksack ein paar Fotos von Tieren, von denen die Kinder tatsächlich schon einige gesehen hatten. Dennoch hörten sie interessiert zu, was der Ranger über die Tierwelt erzählte.
Als sie wieder beim Parkplatz ankamen, verabschiedeten sie sich für diesen Tag von Tante Sarah, Oma und Opa. Opa gab ihnen allerdings noch ein Fernglas mit, welches sie auf der Rückfahrt gebrauchen konnten, denn die Eltern hatten einen kurzen Zwischenstopp geplant. Auf ihrem Weg lag die Rothirschempore, von der aus man viele Hirsche auf der Dreiborner Hochebene, der Graslandschaft im Nationalpark, sehen konnte. Ganz leise setzte sich die Familie auf die Plätze und wechselte sich mit dem Fernglas ab. Nikolas und Lilly waren ganz aufgeregt, denn so viele Hirsche in freier Wildbahn hatten sie noch nie zuvor gesehen. Am faszinierendsten fanden sie aber, dass man diese laut röhren hörte. „Das war richtig cool!“, meinte Nikolas, als sie wieder im Auto saßen, und die anderen stimmten ihm zu.
Am Abend sprachen Lilly und Nikolas darüber, ob sie nun etwas über den Brief herausgefunden hatten. „Ehrlich gesagt, glaube ich, dass dies nicht die richtige Wildnis ist. Immerhin ist es ja momentan noch gar kein echter Urwald“, überlegte Nikolas. „Du hast recht. Aber wo soll die Wildnis dann sein?“, fragte Lilly ratlos.

„Vielleicht ist auch gar keine richtige Wildnis gemeint. Manchmal sagt man das ja schon so, wenn man nur im Wald oder auf einer großen Wiese ist, wo es keine Häuser und so was gibt.“ Nikolas dachte nach. „Kann es nicht sogar sein, dass das Venn gemeint ist, wo ich den Brief ja schließlich auch gefunden habe?“

„Stimmt!“, rief Lilly. „Das ist doch auch eine ziemliche Wildnis. Wieso sind wir da nicht gleich drauf gekommen?“ Nikolas zuckte mit den Schultern. „Wir wissen ja noch gar nicht, ob das stimmt. Vielleicht finden wir morgen mehr heraus.“

12.

PICKNICK IN DEN KAKUS-HÖHLEN

Am nächsten Tag hatten Mama und Papa eine Überraschung für die Kinder: „Heute machen wir etwas richtig Spannendes. Wir fahren zu alten Höhlen, in denen sogar Fledermäuse leben. Allerdings machen wir den Ausflug ohne Tante Sarah, Oma und Opa, aber morgen werden wir sie dann wiedersehen.“ Mama packte rasch die letzten Sachen für den Tag in ihren großen Rucksack. Lilly und Nikolas durften noch dabei helfen, die Tiere zu füttern, und dann ging es auch schon los.

Die Kinder freuten sich auf das Abenteuer. Auf dem Parkplatz stellten sie fest, dass sie momentan die einzigen Besucher der Höhlen waren. Begeistert liefen sie los. So konnten sie alles ganz in Ruhe auskundschaften. Beim Laufen flüsterte Nikolas Lilly zu: „Halt doch mal nach diesem komischen Zeichen aus dem Brief Ausschau. So eine einsame Höhle wäre doch genau der richtige Ort für irgendeine Übergabe.“

Lillys Herz pochte ein wenig schneller. Nikolas hatte recht. Sie mussten die Augen gut aufhalten. Zunächst kamen sie allerdings an ein paar Infotafeln vorbei, auf denen sie erfuhren, dass hier schon vor über 300.000 Jahren Menschen gelebt hatten.

„Wow“, staunte Nikolas. Er konnte sich kaum vorstellen, wie lange das schon her war. Dann las er mit großen Augen weiter: „Guckt mal, sogar Knochen von Mammuts und Höhlenbären wurden hier gefunden!“

Nach der Ankunft gingen die Kinder sofort auf Erkundungstour. Sie liefen in jede Ecke, rannten die Treppe hinauf und quetschten sich durch die engsten Durchgänge. Dass sie dabei ganz dreckig wurden, störte sie kaum. Das Symbol aus dem Brief fanden sie bei ihrer

Suche aber leider nicht. Aber es stank auch nirgendwo „erquicklich“. Da stellte Lilly fest, dass sie eine dunkle Ecke übersehen hatten.
Beide Kinder zögerten, weiter in die unbekannte Dunkelheit hineinzugehen, sodass Nikolas schnell zu Papa lief. „Können wir mal kurz die Taschenlampe von deinem Smartphone benutzen?“, fragte er. Papa hatte nichts dagegen. Auch er fand die Höhle aufregend und konnte sich gut vorstellen, wie die Menschen früher in der Mitte der Höhle um eine Feuerstelle saßen.
Vorsichtig näherte sich Nikolas mit der Taschenlampe der dunklen Ecke und entdeckte dabei ein Eisengitter. „Lilly, komm mal her, da steht etwas!“ Gemeinsam entzifferten sie das Schild auf dem Gitter und erfuhren, dass es sich um ein Schutzgitter für die Fledermäuse handelte. „Schnell, Nikolas, mach die Taschenlampe aus! Wir wollen die Fledermäuse doch nicht stören.“
Die Kinder gingen zurück zu Mama und Papa. In einer Ecke der Höhle breitete Mama gerade eine Decke aus. „Setzt euch! Ich habe ein paar Sachen für ein Picknick eingepackt.“ Das ließen sich Lilly und Nikolas nicht zweimal sagen. Neugierig sahen sie zu, welche Leckereien Mama aus ihrem Rucksack holte, und Lilly meinte: „Jetzt können wir Steinzeitmenschen spielen.“ Nikolas grinste. Das war ganz nach seinem Geschmack. Das Essen war zum Glück gar nicht steinzeitmäßig karg.
Nach dem Picknick mit Würstchen, Käsewürfeln, Paprikastreifen, Äpfeln und anderen Leckerbissen räumten sie gemeinsam die Sachen ein, denn nun sollte es ins Freilichtmuseum Kommern gehen, welches ganz in der Nähe war.

13.

AUF ENTDECKERTOUR IM FREILICHTMUSEUM KOMMERN

Auf dem Weg zum Museum hielt Mama ihr Handy hoch: „Heute gehen wir nicht einfach nur so durch das Freilichtmuseum, sondern wir machen Geocaching, also eine elektronische Schatzsuche. Dabei müssen wir Fragen beantworten, deren Lösungen uns die Koordinaten für unser nächstes Ziel geben. So werden wir dann durch das Museum geführt. Auf meinem Smartphone wird uns auf einem Kompass immer angezeigt, wie weit wir in welche Richtung gehen müssen."

„Das hört sich gut an", fanden beide Kinder und waren neugierig, was sie im Museum erwarten würde.

Papa nahm an der Kasse zusätzlich das Büchlein „Auf Entdeckertour" mit, sodass sie auch später noch ein paar informative Dinge über die alten Häuser, die es hier zu sehen gab, nachlesen konnten. Nikolas blickte ein wenig skeptisch auf das Heft, aber wenn Papa sich mal wieder weiterbilden wollte, sollte er das ruhig tun. In der Zwischenzeit hatte Mama bereits die ersten Koordinaten in ihr Smartphone eingegeben. Interessiert schauten Lilly und Nikolas auf das Display, um zu sehen, wo sie hingehen mussten. Ihr erstes Ziel war ein Haus, in dem sie etwas über Bienen erfuhren. Gemeinsam lösten sie die Aufgaben und lernten dabei etwas über die Arbeiten der Menschen früher.

Besonders spannend fanden Lilly und Nikolas die alte Schule, die über der Backstube lag. „Papa, machst du ein Foto von uns?“ Lilly lief hinter eine Wand, die auf einem Schwarzweißfoto Kinder an ihrem ersten Schultag zeigte.

Für Fotos war Papa immer zu haben. Kichernd posierte Nikolas als Schulmädchen, während Lilly den Jungen spielen durfte. Im Gebäude staunten Lilly und Nikolas darüber, wie klein eine Schule früher war. Mama erzählte: „Hier wurden die Kinder aus allen Klassen unterrichtet. Vorne saßen die kleinen Kinder und weiter hinten die größeren. Wenn ein Kind nicht in die nächste Klasse kam, musste es auf seiner Bank sitzen bleiben. Daher kommt auch der Begriff ‚sitzen bleiben‘, wenn man mal eine Klasse wiederholen muss.“

Papa hatte diese Information auch gerade in dem Heftchen gefunden. Außerdem las er den Kindern vor, dass in dem Backhaus unter der Schule alle Leute aus dem Dorf ihr Brot gebacken haben. „Das ist ja lustig. Bestimmt haben die

Menschen die Zeit auch dazu genutzt, sich zu unterhalten", überlegte Lilly.
Nikolas lief die Treppe hinunter und schaute in die Backstube hinein, aus der es verführerisch duftete. „Guckt mal, hier werden sogar heute noch Brot und Gebäck gebacken!"
„Wir haben zwar vorhin schon gepicknickt, aber wenn ihr gleich wieder Hunger habt, können wir da vorne in der Gastwirtschaft etwas essen. Jetzt führt uns unser Weg aber zunächst einmal zu den Häusern, die aus der Eifel kommen." Mama ging mit ihrem Smartphone voran. Es führte sie zu einem Haus, in dem die Weberin gearbeitet hatte.
Bevor die Kinder jedoch die gesuchte Information für ihre Schatzsuche fanden, entdeckten sie weitere Tafeln. „Hier steht etwas über die Hecken, die wir gesehen haben. Du hattest recht, Papa, sie schützen die Häuser wirklich vor Wind und Wetter", las Nikolas, während Lilly vor einer anderen Tafel stehen geblieben war: „Mama, kannst du mir mal den Text hier vorlesen, der ist mir zu lang. Hier steht etwas über das Moor."
Mama erklärte Lilly, dass im Moor Torf gestochen wurde, der zum Heizen gebraucht wurde. Leider hatte man damit im Moor großen Schaden angerichtet, da Torf nur sehr, sehr langsam nachwächst.
„Was ist Torf denn eigentlich?", wollte Lilly wissen. Die Vorstellung, dass man etwas, das im nassen Moor wuchs, zum Heizen verwenden konnte, erschien ihr schwer nachvollziehbar.
„Torf entsteht im Moor aus Pflanzenteilen, die durch das Wasser von der Luft abgeschlossen sind", erklärte Mama. „Dadurch werden

sie nicht zersetzt und bilden nach und nach eine dicke Schicht. Diese wurde im Frühjahr abgebaut, bis August getrocknet und dann verheizt. Eine Familie brauchte mehrere Tausend Briketts pro Winter. Man könnte Torf als eine Vorstufe von Kohle bezeichnen. Die schwarze Kohle aus den Bergwerken war vor Millionen von Jahren nichts anderes als ein Teil einer großen Moorlandschaft. Ganz schön beeindruckend, nicht wahr?"

Doch Lilly war mit ihren Gedanken auf einmal bei dem Brief. Kohle wurde früher „schwarzes Gold" genannt, das hatte Nikolas gesagt! Konnte es sein, dass das schwarze Gold, von dem auf dem Zettel die Rede war, ein Codewort für deren Vorstufe war? Vielleicht waren sie illegalen Torfstechern auf der Spur, die die Wildnis bedrohten! Lilly musste noch einmal daran denken, was sie am Tag zuvor in den Computer im Nationalpark getippt hatte: „Wildnis ist Natur". Aber nicht mehr lange, wenn hier fiese Torfstecher ihr Unwesen treiben, dachte sie empört und ballte ihre Fäuste. Sie konnte es kaum erwarten, Nikolas zu Rate zu ziehen.

Dazu war aber zunächst keine Gelegenheit. Die Schatzsuche, die sie nur kurz für eine kleine Mahlzeit mit Gebäckteilchen aus der Backstube unterbrachen, führte die Familie noch durch viele weitere Häuser. Manche Fragen waren gar nicht so leicht zu beantworten, aber sie mussten nur ein einziges Mal einen Mitarbeiter des Museums um Hilfe bitten.

Danach ging es aber wieder problemlos weiter und sie gelangten zu einem Haus, in dem sie eine erstaunliche Maschine entdeckten. „Was wurde in dem kleinen Fass hergestellt?", las Nikolas die Frage vor.

„Das muss Butter gewesen sein“, meinte Papa. „Kommt mal vor das Haus, da ist eine Infotafel angebracht!“

Papa hatte recht. Allerdings wurde hier die Butter nicht einfach in einem Fass gestampft, wie die Kinder es bereits in einem anderen Museum gesehen hatten, sondern das Butterfass, in dem die Milch gequirlt wurde, wurde von einem Hund in einem Laufrad angetrieben. „Der arme Hund“, bedauerte Lilly ihn, doch Mama meinte, dass das für die Familie eine große Erleichterung war, denn ansonsten hätten die Kinder bei dieser schwierigen Arbeit helfen müssen.

Schließlich hatten sie alle Fragen beantwortet und nachdem sie sich die Bockwindmühle angeschaut hatten, mussten sie nur noch den „Schatz“, eine kleine Dose, finden. Aber das fiel Lilly und Nikolas nicht schwer. Inmitten einer Baumgruppe griff Lilly siegessicher unter ein paar Zweige und holte jubelnd die Dose hervor.

In der Dose befand sich ein kleiner Block, in den man sich eintragen konnte. Mama schlug vor: „Wir schreiben einfach ‚Familie Sonnenschein‘ rein.“ Nikolas durfte das Schreiben übernehmen.

Beide Kinder waren stolz darauf, die Schatzsuche erfolgreich beendet zu haben.

Als sie hinter ihren Eltern her zum Ausgang liefen, war für Lilly endlich der Moment gekommen, ihren Bruder in ihre Überlegungen bezüglich des Torfs einzuweihen. Nikolas hörte ihr aufmerksam zu und nickte hin und wieder mit ernstem Blick. „Gut möglich, dass es sich um illegale Torfstecher handelt. Allerdings ist Torf ein ziemlich veralteter Brennstoff, meinst du nicht?"

Lilly musste zugeben, dass ihre Theorie hier noch etwas hakte. „Und wenn es sich nur um den Briefschreiber und seinen Freund handelt, können sie bestimmt nur kleine Mengen Torf stechen. Mama meinte, das sei eine sehr anstrengende Arbeit gewesen, bei der die ganze Familie mitgeholfen hatte. Je mehr Kinder man hatte, desto größer war wohl die Fläche, auf der die Familie Torf abstechen durfte", ergänzte sie nachdenklich. Ihre Begeisterung schwand zusehends.

Nikolas bemerkte das und warf schnell ein: „Trotzdem sollten wir der Spur weiter nachgehen. Auch zwei Menschen können in der Natur großen Schaden anrichten. Stell dir vor, jeder würde nach Lust und Laune ins Moor gehen und Torf stechen. Das ist doch schon seit Jahren nicht mehr erlaubt. Dann wäre von der Wildnis bald nicht mehr viel übrig!" Er schenkte Lilly ein Lächeln und legte seinen Arm um ihre Schulter. „Gut, dass du diese Spur entdeckt hast!"

Da musste auch Lilly lächeln. Nikolas hatte recht. Beim Lösen von Rätseln musste man jeder Spur nachgehen, ganz gleich, ob sie sich am Ende als richtig herausstellte.

Kurz vor dem Ausgang hielt Mama noch kurz an einem Verkaufsstand an, um ein leckeres Brot aus dem Backhaus für das Abendbrot mitzunehmen.

14.

VON GRENZEN, ZOLL UND SCHMUGGLERN

Bevor es jedoch Abendbrot gab, schlug Papa vor, sich auf dem Bauernhof Fahrräder auszuleihen, um ein wenig die Gegend zu erkunden. Mama wollte auf dem Hof bleiben, um zu lesen, aber Lilly und Nikolas waren begeistert. Doch dann fiel Nikolas etwas ein: „Müssen wir denn dann lauter Berge hoch- und runterfahren? Hier sind doch überall Serpentinen."

„Nein", konnte Papa die Kinder beruhigen. „Ganz in der Nähe gibt es den sogenannten Vennbahnweg. Das ist ein Fahrradweg, der ganz eben verläuft, da er früher mal eine Eisenbahnstrecke war."

Nach einem kurzen Stück entlang der Straße erreichten sie den Fahrradweg, der sie mitten durch die Natur der Eifel führte. Lilly und Nikolas waren froh, dass sie wirklich keine Berge zu bewältigen hatten und Papa hielt immer mal wieder an, um ein paar Fotos zu machen. „Fahren wir bis zum Ende des Fahrradweges und dann wieder zurück?", wollte Lilly wissen.

Papa lachte: „Nein, das ist viel zu weit. Der Weg führt durch Belgien bis nach Luxemburg."

Nikolas staunte: „Wow, das ist ja cool. Schade, dass wir nicht so weit fahren können."

„Ich finde es auch toll, dass der Radweg von einem Land ins nächste führt", meinte Papa. „Früher wäre das gar nicht möglich gewesen."

„Wieso denn nicht?“, wunderte sich Nikolas.
„Es gab früher überall Grenzen, die das Land beschützen sollten. Keiner durfte in ein anderes Land hinein, ohne sich auszuweisen“, erzählte Papa. „Man konnte auch nicht einfach billige Sachen in einem anderen Land kaufen und diese dann mit nach Deutschland nehmen. Darauf hat der Zoll an den Grenzen geachtet.“
„Aber warum durfte man denn nicht einfach etwas im Ausland kaufen und mitnehmen? Das stört doch niemanden“, meinte Lilly.
„Wenn man etwas in einem Land kauft, bezahlt man gleichzeitig immer Steuern. Steuern sind Geld, das das Land einnimmt. Es gibt Sachen, die sind in anderen Ländern viel billiger als in Deutschland, da man dort vielleicht nicht so viele Steuern bezahlen muss. Man darf solche Sachen dann nicht einfach mit ins Land nehmen, sondern muss an der Grenze beim Zoll Geld dafür bezahlen. Dadurch möchte man die Menschen dazu bringen, die Produkte im eigenen Land zu kaufen“, erklärte Papa.
„Puh, ganz schön kompliziert“, fand Nikolas.
„Ja, das stimmt. Zum Glück kann man heute innerhalb der Europäischen Union einfach so von einem Land ins andere reisen und es gibt hier keinen Zoll mehr. Hoffentlich wird das auch in Zukunft so bleiben.“ Papa deutete auf eine kleine Kurve und fragte die Kinder, ob sie an dieser Stelle umdrehen sollten. Da beide mittlerweile schon etwas müde waren, stimmten sie ihm zu und so machten sie sich gemeinsam auf den Rückweg.
Nikolas musste nach wie vor über die Sache mit den Grenzen nachdenken. Er konnte sich das kaum vorstellen. „Wie ist man denn dann von einem

Land ins andere gefahren? Waren da dann Schranken, durch die man musste?"
„So etwas in der Art. Überall gab es kleine Grenzhäuschen, bei denen man anhalten und sagen musste, ob man etwas zu verzollen hatte. Natürlich gab es auch Menschen, die versucht haben, an anderen Stellen über die Grenze zu kommen, um nicht kontrolliert zu werden. Immer wieder haben Leute versucht, etwas in ein Land hineinzuschmuggeln. Das durfte der Zoll aber natürlich nicht merken, denn sonst konnte man sogar verhaftet werden."
„Ob es hier wohl auch richtige Schmugglerbanden gegeben hat?" Das wäre ja was. Nikolas musste über seine eigene Frage lachen, aber aufregend fand er den Gedanken dennoch. Er wusste gar nicht, ob es so etwas auch in Wirklichkeit gab oder ob Schmuggler nur in Abenteuerfilmen vorkamen.
„Ja, genau, die haben sich hier dann mit wertvollen Edelsteinen und Koffern voller Juwelen durch die Wälder geschlagen – so wie wir, wenn wir mit unseren Freunden Räuber und Gendarm spielen", spann Lilly den Gedanken weiter.
Papa musste lachen. „Ob es hier Schmugglerbanden gab, kann ich euch nicht sagen. Das müsste auf jeden Fall schon lange her sein. Außerdem wurden, glaube ich, eher alltägliche Dinge geschmuggelt. Einen Juwelenschmuggel kann ich mir hier beim besten Willen nicht vorstellen."
„Aber gut verstecken könnte man sich hier schon." Lilly blickte sich um und sah links und rechts Wälder und Wiesen.

Nikolas nickte zustimmend: „Da würde man bestimmt nicht so schnell entdeckt werden."

„Ja, Schmuggler mussten sich geheime Wege suchen, Wege, die nur sie kannten und die für die Zollbeamten unzugänglich oder sogar gefährlich waren", überlegte nun auch Papa.

Nikolas' Augen wurden groß. War das Hohe Venn für einen Ortsunkundigen nicht gefährlich? Und lag es nicht genau an der deutsch-belgischen Grenze? „Zum Beispiel ein Moor ...", hauchte er.

„Zum Beispiel", bestätigte Papa, der gar nicht mitbekommen hatte, was in Nikolas vor sich ging. „Schmuggler sein war und ist gefährlich, das ist der Einsatz."

„Gut, dass das heute anders ist", beendete Lilly, die sich allmählich langweilte, das Thema. Nikolas dagegen fand das alles ziemlich spannend.

Als sie zurück auf dem Hof waren, konnten sie sich mit dem leckeren Brot aus dem Freilichtmuseum stärken. Mama hatte bereits alles vorbereitet und alle setzten sich hungrig an den Tisch.

„Können wir morgen mal ins Bubenheimer Spieleland fahren?" Nikolas hatte von dem großen Abenteuerspielplatz im Infobuch des Hofs gelesen und beide Kinder fanden, dass das nach großem Spaß klang.

Doch leider schüttelte Papa den Kopf: „Nein, wir haben mit Tante Sarah abgesprochen, dass wir uns morgen mal Monschau angucken. Einen Indoorspielplatz gibt es doch überall."
„Schade!" Lilly war etwas enttäuscht, aber da sie wusste, dass Mama und Papa immer großartige Ausflüge mit ihnen machten, war sie gleichzeitig auch neugierig auf die Stadt. „Was gibt es denn dort Besonderes zu sehen?"
Papa zuckte mit den Schultern. So genau wusste er es auch nicht, aber Tante Sarah hatte ihm versprochen, dass sie die Familie ein wenig herumführen würde.
„Ich habe schon mal etwas über den Weihnachtsmarkt in Monschau im Fernsehen gesehen, als die schönsten Weihnachtsmärkte Deutschlands gezeigt wurden", erinnerte sich Mama. „Aber der findet jetzt natürlich nicht statt. Außerdem habe ich gelesen, dass Monschau eine alte Tuchmacherstadt ist. Mehr weiß ich aber auch nicht. Lassen wir uns einfach überraschen."
Nikolas blickte auf. Was hatte Mama gesagt? Tuchmacherstadt – davon stand doch etwas in dem Brief. Vorsichtig stieß er Lilly mit dem Fuß an. Lilly nickte leicht. Auch ihr kam dieses Wort bekannt vor. Nun konnten die beiden gar nicht schnell genug in ihr Zimmer kommen. Gemeinsam lasen sie sich dort noch einmal den Brief durch.
„Okay, Monschau ist also die ‚Stadt der Tuchmacher'", stellte Nikolas fest. „Schade, dass die Übergabe nicht dort stattfinden sollte, aber vielleicht finden wir trotzdem mehr heraus. Es scheint ja so, als hätten sich die beiden normalerweise in dieser Stadt getroffen."
Lilly nickte. Sie freute sich nun genauso auf den Ausflug wie Nikolas.

15.

AUF DER SUCHE NACH DEM SCHWARZEN GOLD IN MONSCHAU

Am nächsten Tag traf sich die Familie mit Tante Sarah und Oma und Opa in einem Parkhaus in Monschau. Tante Sarah freute sich darauf, etwas über die Stadt zu erzählen, und hatte sofort die erste Information: „Das Parkhaus war früher mal eine Fabrik. Hier wurde Stoff hergestellt."

„Monschau wird ja auch die ‚Stadt der Tuchmacher' genannt." Lilly hatte sich gut gemerkt, was Mama gestern gesagt hatte.

„Das wisst ihr schon? Prima! Mittlerweile gibt es hier aber keine Fabriken mehr, also keine großen. Die Senfmühle, welche wir heute Nachmittag besuchen werden, ist eher eine kleine Manufaktur."

In der Stadt staunten sie über die mittelalterlichen Gebäude. Papa hatte wie immer einiges zu fotografieren. Nikolas deutete auf eine Tür: „Da passe ich ja gerade mal durch. Papa, du musst den Kopf einziehen, um dich nicht zu stoßen."

„Stimmt. Die Leute waren früher kleiner als heute. Da wird das sicherlich gepasst haben. Aber guckt mal, wie schief das Haus dort vorne steht!"

„Ja, hier ist alles schief und äußerst eng. Viel Platz ist im Tal nicht und deshalb sind die Häuser auch alle ganz schmal. Wer mehr Platz haben wollte, musste die Zimmer auf mehrere Etagen verteilen."

Tante Sarah zeigte auf eines der vielen Fachwerkhäuser, das ebenfalls krumm und schief wirkte und ausgesprochen kleine Fenster hatte. „Wisst ihr, woher der Begriff ‚steinreich' kommt?" Alle schüttelten den Kopf.

„Die Menschen, die Fachwerkhäuser bauten, waren nicht reich. Dafür benötigte man lediglich Holz, Lehm und Stroh. Wer reich war, baute sein Haus aus Steinen. Er war ‚steinreich'. Dort drüben seht ihr das Haus eines reichen Bürgers. Das ‚rote Haus' gehörte einem Tuchmacher und ist jetzt ein Museum. Man könnte aber auch sagen, dass er ‚stinkreich' war, denn die Farben, mit denen die Stoffe gefärbt wurden, wurden früher mithilfe von Pipi hergestellt", wusste Tante Sarah. Lilly und Nikolas mussten kichern. Sarah hatte aber schon die nächste Frage für sie: „Neben dem ‚roten Haus' steht die

evangelische Kirche. Wer von euch kann erkennen, was sich auf ihrer Kirchturmspitze befindet?“

Neugierig blickten die Kinder nach oben. Nikolas vermutete, dass sich dort ein Hahn befinden würde, aber dann sah er, dass es ein Schwan war. „Ihr kennt doch den Reformator Martin Luther, oder?“, fragte Tante Sarah, und als die Kinder nickten, erklärte sie: „Er wird manchmal auch als Schwan dargestellt.“

Auf dem Marktplatz erzählte Tante Sarah ihnen, dass hier vor über 100 Jahren neun Häuser abgebrannt waren, die ganz nah beieinander gestanden hatten. Die Umrisse der Häuser wurden durch verschiedenfarbige Pflastersteine nachgezeichnet. Lilly und Nikolas liefen durch die „Häuser“ und zählten nach, ob es auch wirklich neun Stück waren.

Dann wollte Mama in das Weihnachtshaus, das hier das ganze Jahr über geöffnet hatte. Opa und Papa hatten zwar wenig Lust auf Weihnachtsdeko im Herbst, aber Oma bestaunte gerne mit Mama und Tante Sarah die vielen verschiedenen Glaskugeln. Lilly und Nikolas fanden es ganz oben am schönsten, wo sich ein kleines Karussell drehte und man Nussknacker und Räuchermännchen bewundern konnte.

Als sie wieder draußen waren, wollte Nikolas wissen, was oben auf dem Berg für eine Burg stand und Tante Sarah erzählte, dass vermutlich ein Graf aus dem heutigen Belgien die Burg errichtet hatte. Mittlerweile war in der Burg eine Jugendherberge untergebracht und das jährliche „Monschau Festival“ mit vielen Open-Air-Konzerten fand dort statt.

„Und der Turm dort drüben heißt ‚Haller'. Er ist ein Wachturm, von dem aus man gut das Tal überblicken und die Menschen auf der Burg vor Feinden warnen konnte." Tante Sarah zeigte in eine andere Richtung und alle schauten sich die Ruine des Turms an. „Man kann auch dort hinaufgehen, aber ich schlage vor, dass wir jetzt zum Handwerkermarkt gehen."

Auf dem Handwerkermarkt inspizierten sie zuerst die Glashütte. Gespannt verfolgten sie, wie die Glasbläser mit wenigen Handgriffen kleine Kunstwerke aus Glas herstellten. „Cool, er zieht nur ein paarmal mit der Zange an dem heißen Glas und schon hat er ein Tier hergestellt. Wie macht er das bloß?" Nikolas kratzte sich am Kopf. Gerade, als sie sich ein wenig im Shop umschauen wollten, entdeckte Tante Sarah, dass die Kinder selber eine Glaskugel herstellen konnten. Lilly und Nikolas waren sofort zur Stelle. Als Erste durfte Lilly nach oben zu dem Glasbläser gehen.

„Dann such dir mal die Farben für deine Kugel aus", forderte der Mann sie auf.

Lilly zeigte auf Gelb und Orange. Das würde bestimmt toll aussehen – leuchtend wie der Sommer. Der Glasbläser bereitete ihr den heißen Klumpen im Ofen vor. Dann pustete er einige Male selber in das lange Rohr, bevor Lilly an der Reihe war. Erst traute sie sich nicht so recht, doch dann pustete sie ordentlich in das Rohr und staunte, wie am anderen Ende eine Kugel entstand. Der Glasbläser schlug sie ab und hängte sie zum Abkühlen auf.

Nikolas entschied sich für nur eine Farbe. Das Blau gefiel ihm am besten. Am liebsten hätte er seine Kugel ganz alleine hergestellt,

aber das war mit dem heißen Material zu gefährlich. Dennoch war auch er stolz auf sein Ergebnis.
Während sie auf ihre Kugeln warteten, schauten sie sich die Kunstwerke im Geschäft an. Lilly wollte sich unbedingt ein kleines Pferdchen aus Glas kaufen und auch Oma hatte Gefallen an ein paar Glastieren gefunden.
Nachdem sie alles bezahlt hatten, schlenderten sie durch die Geschäfte der anderen Handwerker. Mama gefielen die Töpfersachen besonders gut und Papa kaufte für beide Kinder einen Holzeierbecher mit Namen drauf: „Die können wir doch gut für unser tägliches Frühstücksei auf dem Hof gebrauchen."

„Habt ihr Hunger? Dann können wir hier eine Kleinigkeit zu Mittag essen", schlug Tante Sarah vor.
Erst jetzt merkten die Kinder, dass sie tatsächlich hungrig waren und freuten sich über einen Berg Pommes. Beim Essen fragte Nikolas so unschuldig wie möglich: „Sag mal, Tante Sarah, du hast ja gesagt, dass in Monschau Stoffe hergestellt wurden. Gibt es hier denn auch schwarzes Gold?"

Tante Sarah sah ihn überrascht an. „Was meinst du denn damit?"
„Hm ... ich weiß auch nicht so genau. Ich habe irgendwo was von ‚schwarzem Gold' gehört und überlegt, ob es hier auch Bergbau oder so etwas gibt", druckste Nikolas ein wenig herum.
Lilly saß ganz aufgeregt neben ihm und passte genau auf, was Tante Sarah sagte. Doch die zuckte nur etwas ratlos mit den Schultern: „Also, für Bergbau ist Monschau nicht bekannt. Schwarzes Gold, sagst du? Damit muss nicht Kohle gemeint sein. Man bezeichnet mit ‚schwarzem Gold' dunkle Sachen, die aus verschiedenen Gründen kostbar sind. Mir fällt da zum Beispiel Erdöl oder Schokolade ein. Aber das hat mit Monschau auch nichts zu tun."
„Okay." Nikolas war ein wenig enttäuscht, aber die Eisbecher, die Lilly und er als Nachtisch bekamen, hoben seine Laune wieder. Die Erwachsenen tranken einen Kaffee und Oma kam ins Schwärmen. „Der ist aber lecker!", rief sie begeistert.
„Der ist ja auch von hier", erklärte Tante Sarah. „In Monschau gibt es eine ausgezeichnete Kaffeerösterei."
Opa musste lachen, als er sah, wie seine Frau genüsslich aus ihrer Tasse schlürfte. „Normalerweise tut sie ja einen kleinen Schuss Milch rein. Nur wenn der Kaffee wirklich gut ist, trinkt sie ihn schwarz", sagte er augenzwinkernd.
Lilly verschluckte sich fast an ihrem Eis. Sie beugte sich zu ihrem Bruder rüber und zischte ihm ins Ohr: „Schwarzer Kaffee!"
„Hä, waff?", fragte Nikolas mit vollem Mund. Wenn es Eis gab, konnte er sich auf nichts anderes konzentrieren.
„Na, was wohl", sagte Lilly leicht gereizt, „wonach suchen wir

denn die ganze Zeit?“ Wieso kapierte Nikolas denn nicht, worum es ging? Hastig erklärte sie: „Oma schwärmt von schwarzem Kaffee. Kaffeebohnen sind schwarz. Opa hatte erzählt, dass Kaffee früher sehr teuer war. Und der Brief ist dann vermutlich doch schon ziemlich alt. Vielleicht ist Kaffee das schwarze Gold, das wir die ganze Zeit gesucht haben und es geht gar nicht um fiese moorverschmierte Gangster, die die Wildnis zerstören!“ Lilly schaute triumphierend in Nikolas’ eisbesprenkeltes Gesicht, während der langsam den Löffel sinken ließ.

„Mensch, Lilly, du hast recht! Das passt alles zusammen!“ Endlich hatten sie eine heiße Spur!

Nach dem Essen ging es auf der anderen Seite des Handwerkermarkts in das Erlebnismuseum „Lernort Natur“. Die Kinder wussten zunächst gar nicht, wo sie hingucken sollten. Überall blickten ihnen ausgestopfte Tiere entgegen. Man hatte das Gefühl, als wäre man direkt bei ihnen in der Natur gelandet.

Ein Museumsmitarbeiter kam auf sie zu: „Kennt ihr schon den Eifeltiger?“ Er zeigte auf eine Wildkatze. „Nirgendwo in Deutschland leben so viele Wildkatzen wie hier in der Eifel. Sie ist auch das Wappentier des Nationalparks. Durch die Menschen wurde die Wildkatze stark zurückgedrängt, denn sie kann ausschließlich dort leben, wo sie sich gut verstecken kann.“

Die Kinder streichelten beide über das Fell der Wildkatze. Kurz darauf hockte sich Lilly neben einen Fuchs, während Nikolas durch den Bau hindurchkroch. Der Museumsmitarbeiter fragte: „Wer kann denn gut einen Tunnel graben?“

„Der Fuchs und der Dachs." Lilly zeigte auf die beiden Tiere vor dem Höhleneingang.

„Das ist nicht ganz richtig." Der Mann schüttelte den Kopf. „Eigentlich kann das nur der Dachs gut. Das nutzt der Fuchs aus und benutzt einfach seinen Bau. Damit der Dachs verschwindet und sich was Neues baut, pinkelt der Fuchs ihm immer wieder vor den Eingang. Ganz schön schlau, oder?"

„Aber auch ein bisschen faul und gemein", fand Lilly.

„Ich lasse euch dann jetzt mal ein wenig alleine. Ihr könnt übrigens einige Tiere entdecken, die hier vollständig verdrängt wurden, aber mittlerweile zurückkommen. Dazu gehört zum Beispiel der Uhu, aber auch der Biber", erzählte der Museumsmitarbeiter.

„Wir haben schon gesehen, dass der Biber wieder im Hohen Venn ist." Mittlerweile kannte sich Nikolas ganz schön gut mit den Tieren in der Eifel aus. Interessiert schaute er sich mit dem Rest der Familie die ausgestellten Tiere an. Dann wollten Lilly und er ein paar Spielereien ausprobieren.

Zuerst fertigten sie auf Gips einen Pfotenabdruck an, dann spielten sie gegeneinander Memory, bei dem man jeweils zwei verschiedene Teile zu einem Tier entdecken konnte, und sie ertasteten Felle und Baumrinden. Dabei waren sie sogar besser als Papa. Anschließend wollten sie ihre Hände noch in die Fühlkästen stecken, um zu ertasten, was sich darin verbarg. Bei einem Kasten wurden sie dazu aufgefordert, besonders vorsichtig zu sein. Ganz langsam schob Lilly ihre Hand in den Kasten: „Au, das pikt aber!“

„Vielleicht eine Kastanienschale?“, überlegte Nikolas, doch Lilly hatte den Gegenstand bereits weiter abgetastet. „Nein, das ist ein Igel.“ Als sie den Deckel zur Kontrolle öffneten, sahen sie, dass Lilly tatsächlich recht hatte.

„So, jetzt wisst ihr ja schon ziemlich viel. Habt ihr Lust, noch die Rallye zu machen?“ Opa hielt den Kindern fragend einen Euro für die Teilnahme hin. Lilly und Nikolas begaben sich gern mit ihm auf die Suche nach den Antworten.

Richtig große Augen bekamen sie, als sie herausfanden, dass das älteste Ausstellungsstück im Museum ein echter Mammutzahn war. Bei ein paar Fragen brauchten sie die Hilfe des Museumsmitarbeiters, aber insgesamt konnten sie viele Fragen selber beantworten.

Zur Belohnung der gemeisterten Rallye durften sich die Kinder eine Kleinigkeit aussuchen. Außerdem investierte Nikolas ein wenig Urlaubstaschengeld in ein Lederband mit einem Wildschweinzahn.

Danach ging es erst einmal zurück zum Auto und von dort aus fuhren sie dann ein kleines Stück bis zur Monschauer Senfmühle, bei der Tante Sarah sie für eine Kinderführung angemeldet hatte.

16.

IN DER SENFMÜHLE MIT EMIL DER SENFMAUS

An der Senfmühle wurden sie von einer freundlichen Frau begrüßt, die eine Handpuppe trug: „Guten Tag, die Senfmaus Emil hier wird euch heute ein wenig über die Herstellung von Senf erzählen. Emil freut sich immer riesig, wenn er mit Kindern zu den großen Maschinen gehen darf. Er hofft dann, dass er ein wenig vom Senf abbekommt. Den liebt er nämlich sehr."

Lilly musste kichern. Sie fand Emil süß und folgte ihm gerne. Außerdem fand sie es lustig, dass er genauso hieß wie der Junge, den sie bei der Wanderung im Wald getroffen hatten. Nun hatte sie in diesem Urlaub gleich zwei Emils kennengelernt. In dem Raum mit der Senfmühle wollte Emil die Senfmaus ihnen als Erstes ein Buch zeigen, das ein Bild von gelben Pflanzen enthielt: „Schaut mal, das ist die Senfpflanze! Sie sieht aus wie Raps, blüht aber zu einer anderen Jahreszeit, und zwar jetzt im Herbst."

Da staunten sogar die Erwachsenen und gespannt hörten alle zu, wie die Frau und Emil noch mehr über Senf erzählten: „Der Senf, der in Deutschland wächst, wird hier nur als Dünger verwendet. Der Senf, den wir essen, kommt in Säcken aus Osteuropa, also auch der

Senf, den wir hier verwenden. In Hamburg werden die Senfkörner zu Mehl gemahlen. Danach werden Wasser, Essig, Salz und manchmal Zucker hinzugefügt und erst dann erhält er den typischen Senfgeruch."

Alle durften einmal an den Körnern schnuppern. Sie rochen nach gar nichts. Dann stellte die Frau die große Maschine an. Die Senfmaus musste sich dabei an den Rand setzen, denn die Frau hatte Angst, dass sie sonst in die Töpfe fallen würde, weil sie mal wieder naschen wollte.

Interessiert beobachtete die Familie, wie der Senf gemixt, abgesaugt und als Masse zusammengedrückt wurde. Natürlich kostete anschließend jeder ein Löffelchen voll. Nikolas war er viel zu scharf, doch Lilly schmeckte er gut.

Gemeinsam durften alle überlegen, wozu man Senf gebrauchen kann. Da fielen Nikolas direkt die Würstchen ein, zu denen sogar er gerne einen Klecks Senf auf den Teller nahm. Aber Senf ließ sich auch prima in Soßen und im Salatdressing verwenden, man konnte Senfbutter daraus machen oder ihn auch für ein Fußbad bei Erkältungen benutzen.

Bevor die Frau die Besucher zurück zum Geschäft begleitete, machten Lilly und Nikolas noch ein Foto mit Emil der Senfmaus. Am liebsten hätten sie sich die Kuschelmaus als Erinnerung gekauft, aber sie war ihnen dann doch zu teuer. Dafür kauften die Eltern aber eine große Packung Feigensenf und Opa nahm ein paar Senfpralinen mit.

Gerade als sie gehen wollten, entdeckte Lilly etwas. „Oh, da gibt es ja Heftchen mit der Senfmaus!"

„Die könnt ihr euch gerne mitnehmen." Die Verkäuferin holte einen kleinen Stapel unterschiedlicher Hefte aus dem Regal und reichte sie den Kindern, die sich sehr darüber freuten.

Danach ging es zurück auf den Hof. Den restlichen Nachmittag verbrachten die Kinder damit, auf dem Trampolin herumzuhüpfen und noch einmal Pony zu reiten. Außerdem versuchte Lilly, in der Kreativecke etwas aus einem Ytong-Stein herzustellen, während Nikolas mit ein paar anderen Kindern Fußball spielte.

Am Abend holten sie die Hefte von Emil der Senfmaus hervor. Neugierig blätterten sie darin herum und Nikolas freute sich, als er eine Zeichnung der Senfmühle fand: „Super, dann vergesse ich nicht, wie der Senf hergestellt wird." Gemeinsam schmökerten sie eine ganze Weile in den Heften, wobei ihnen viele Informationen bekannt vorkamen, aber sie erfuhren auch ein paar neue Sachen, zum Beispiel, wie in der Eifel Karneval gefeiert wurde. Besonders viel Spaß hatten sie an den Witzen und Rätseln.

Schließlich legte Nikolas die Hefte beiseite. „Was wohl mit dem schwarzen Gold passiert ist?“

„Was meinst du?“, gab Lilly die Frage zurück.

„Na ja, angenommen, es handelt sich wirklich um Kaffee“, überlegte Nikolas, „warum musste der Briefeschreiber ihn geheim übergeben?“

„Keine Ahnung, aber Opa sagte doch, dass der früher sehr teuer war.“

„Hm, das stimmt.“ Nikolas nickte nachdenklich mit dem Kopf. „Aber nur weil etwas teuer war, ist es doch noch nicht geheim.“

Nun zog auch Lilly die Stirn kraus. „Vielleicht hatten die beiden Angst, bestohlen zu werden.“ Dann blickte sie ruckartig zu ihrem Bruder. „Oder“, flüsterte sie, „die beiden waren selber die Diebe.“

Nikolas zog die Augenbrauen hoch. In seinem Kopf wollte die Vorstellung von einer kriminellen Diebesbande nicht mit einem Brief zusammenpassen, dessen Verfasser sich sehr gewählt ausdrückte und auch sonst keinen bösen Eindruck machte. Wobei die Heimlichtuerei natürlich schon verdächtig war!

Lilly sah, dass ihr Bruder so seine Zweifel hatte. Aufmunternd klopfte sie ihm auf die Schulter: „Das finden wir bestimmt noch heraus. Wir haben doch schon einiges gelöst: Monschau ist die Stadt der Tuchmacher und das schwarze Gold ist Kaffee.“ Sie war zuversichtlich. Gemeinsam würden sie dem Rätsel sicherlich auf die Spur kommen.

17.

EINE HEIẞE SPUR IN AACHEN

Am nächsten Tag machte die Familie einen Ausflug nach Aachen. Tante Sarah, Oma und Opa begleiteten sie dieses Mal nicht.
Zunächst wollten sich Mama und Papa mit den Kindern die Stadt anschauen, bevor sie dann an einer Kinder-Domführung teilnehmen wollten, für die Tante Sarah sie bereits angemeldet hatte.
Auch in Aachen gab es haufenweise Kopfsteinpflaster, aber die Stadt war natürlich viel größer als Monschau. Dennoch entdeckte Lilly etwas, was sie auch schon in Monschau gesehen hatte: „Was ist das da eigentlich immer in den Bäckereien? Diese großen Platten mit Mandeln drauf?“
Mama und Papa kannten das Gebäck nicht, aber Mama schlug vor, dass sie einfach mal in eine Bäckerei hineingehen und nachfragen sollten.
Sie erfuhren, dass es sich um Printen handelte, eine Aachener Spezialität. „Man kann sie vielleicht als ganzjährige Lebkuchen beschreiben, aber am besten probieren Sie sie einfach selber“, schlug die Verkäuferin vor und jeder von ihnen suchte sich eine Printe aus. Lilly und Nikolas wollten welche mit Schokolade haben, während Mama und Papa die Kräuterprinten probierten.
Frisch gestärkt ging es dann weiter durch die Stadt. Auf einmal blieb Nikolas stehen und starrte einen Moment lang auf den Boden.

Aufgeregt rief er: „Lilly, komm mal her! Schau mal, was hier ist!“ Nun blickten beide Kinder auf eine Bronzeplatte im Pflaster, die das Zeichen aus dem Brief zeigte. „Es geht um Aachen“, flüsterte Lilly.
Nun trat Papa zu den Kindern und erblickte ebenfalls das Zeichen im Boden. „Ah, das Monogramm von Karl dem Großen, der im 8. und 9. Jahrhundert als erster deutscher Kaiser der Neuzeit über halb Europa herrschte. Das hier ist sozusagen seine Unterschrift, aber da er nicht schreiben konnte, setzte er immer nur einen Strich in das Zeichen, damit die Unterschrift gültig war.“
„Und warum ist das hier mitten auf dem Weg?“, wunderte sich Nikolas.
„Karl der Große lebte in Aachen. An vielen Stellen wird hier an ihn erinnert. Wenn wir gleich in den Dom gehen, werden wir bestimmt auch noch einiges über ihn hören.“
Tante Sarah hatte Mama und Papa bereits ein wenig über Aachen erzählt, sodass die Eltern sich schon etwas auskannten. Trotzdem wollte Mama gerne noch in die Touristeninformation gehen. Auf dem Weg dorthin entdeckten sie die Bronzeplatten noch an einigen Stellen.
„Jetzt müssen wir nur noch die Stelle finden, an der es erquicklich stinkt“, raunte Lilly Nikolas zu und kam ins Grübeln. „Was stinkt denn in einer Stadt?“
„Wir könnten Mama und Papa ja fragen, ob sie mit uns zur nächsten Müllkippe fahren“, lachte Nikolas.
Lilly schaute ihren Bruder angewidert an: „Na klar, und dann machen wir noch eine Tour durch alle öffentlichen Toiletten! Was ist daran

erquicklich?“, fragte Lilly. „Was soll das überhaupt bedeuten: ‚erquicklich‘?“

„Erfrischend“, schaltete sich plötzlich jemand von der Seite ein. Lilly fuhr vor Schreck zusammen. Wo kam Papa denn jetzt auf einmal her? Hatte er etwas mitbekommen? „Worum geht es?“, fragte er lächelnd.

„Ach, das stand gerade auf einem Schild“, warf Nikolas schnell ein. Dann hing er weiter seinen Gedanken nach.

Während die Eltern sich in der Touristeninformation ein paar Prospekte und einen Stadtplan mitnahmen, guckten sich Lilly und Nikolas die Souvenirs an. Nikolas konnte Papa überreden, ihnen einen Comic zu kaufen. „‚Karl der Kleine – Die Printe des Teufels‘. Das ist doch eine schöne Erinnerung an Aachen“, fand Papa. Er hatte ein wenig in dem Buch geblättert und festgestellt, dass man darin etwas über die Stadt und ihre Legenden lernen konnte. Außerdem war der Titel einfach super witzig.

Am liebsten hätte Nikolas direkt in dem Buch gelesen, doch nun wollten Mama und Papa sich erst einmal den Elisenbrunnen anschauen, der

sich direkt neben der Touristeninformation befand. Lilly rümpfte die Nase: „Puh, hier stinkt es aber!“ Auch Nikolas versteckte sein Gesicht schnell in der Jacke.
Mama erklärte: „Ihr habt recht. Gut riecht es hier tatsächlich nicht. Das liegt am Schwefel im Wasser.“
Moment mal – Wasser, das stank?! Nikolas wirbelte zu seiner Schwester herum. Und auch bei Lilly hatte es klick gemacht. „Es stinkt!“, rief Nikolas laut und reckte erfreut beide Arme in die Höhe. „Juhu“, rief Lilly, „es stinkt richtig eklig!“ Die beiden mussten kichern, so sehr freuten sie sich über die unverhoffte Entdeckung.
Papa schaute seine Kinder irritiert an. Was war nur in sie gefahren? Aber Mama musste lachen: „Das warme Wasser soll ein Heilwasser aus der Kaiserquelle sein. Ihr dürft es gerne mal probieren.“
Das wollten Lilly und Nikolas aber lieber nicht. Stattdessen schauten sie sich verschwörerisch an. Sie dachten beide dasselbe: Hier musste die Übergabe des schwarzen Goldes stattgefunden haben! Wasser war erfrischend, und dieses hier verbreitete seinen Gestank sicher schon eine ganze Weile! Es war überhaupt nicht zu überriechen. Hier

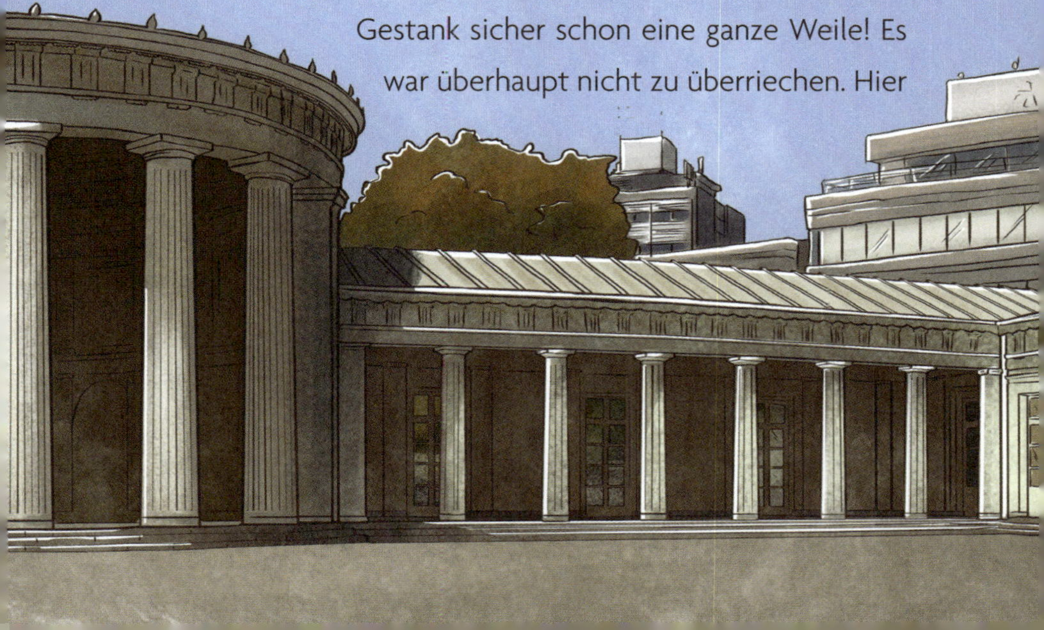

war eindeutig der Ort, an dem es „erquicklich“ stank.
Papa probierte mutig einen kleinen Schluck. Er verzog das Gesicht und überlegte kurz, ob er es runterschlucken sollte. Doch dann spuckte er es doch lieber aus. Lilly erwischte ihn dabei und musste kichern. Papa legte nur mit einem Grinsen den Zeigefinger auf die Lippen. „Dieses Wasser mag heilende Kräfte haben, aber erquicklich ist wirklich etwas anderes“, war sein Fazit. Die Geschwister zwinkerten sich zu, denn sie wussten es besser.
Fröhlich gingen Lilly und Nikolas weiter. Sie hatten schon wieder eine Menge herausgefunden. Abgesehen von ihren neuen Feststellungen fanden sie in Aachen die Brunnen besonders spannend. Sie blieben eine ganze Weile am Puppenbrunnen stehen und bewegten Arme und Beine der Figuren. Die Karnevalsmasken, die dort ebenfalls hingen, fand Lilly allerdings ein wenig gruselig.
Nachdem sie sich in der Pontstraße für einen der vielen Imbisse entschieden und etwas gegessen hatten, war es auch schon fast Zeit für die Domführung. Vorher durften sich Lilly und Nikolas aber noch schnell ein paar Süßigkeiten im Domlädchen aussuchen. Mamas Augen leuchteten „So haben wir uns früher auch immer Süßigkeiten von unserem Taschengeld gekauft“, erzählte sie und stellte sich rasch selber ein kleines Tütchen zusammen. Danach trafen sie sich mit den anderen Leuten, die zur Führung angemeldet waren, in der Dominformation vor der Kirche.
Das Besondere an der Führung war, dass sie von einem jungen Mädchen durchgeführt wurde. Sie hieß Lina und war erst 14 Jahre alt. Nikolas staunte, was das Mädchen alles wusste. Lina konnte ihnen

genau erzählen, warum Karl der Große so gerne in Aachen gelebt hatte. Bereits sein Vater Pippin hatte hier eine Pfalz gegründet. Mama und Papa flüsterten kichernd miteinander, dass der Vater Karls des Großen den Namen eines Hobbits aus der „Herr der Ringe"-Trilogie getragen hatte.
Lina berichtete weiter, dass es sich bei der Pfalz um eine Art Ferienhaus gehandelt hatte. Da Karl der Große Rheuma hatte, kamen ihm die heißen Quellen in Aachen sehr gelegen, und in den Wäldern um Aachen herum konnte er seinem Hobby, der Jagd, nachgehen. Lilly und Nikolas grinsten sich an. Sie wussten ja schon, dass Karl der Große im Hohen Venn Bären gejagt hatte.
Der Kaiser hatte auch den Dom von Aachen in Auftrag gegeben. Er wollte den prächtigsten Dom nördlich der Alpen erbauen lassen. Nun ging es zu der großen Eingangstür. „Zum Bau des Doms gibt es eine spannende Sage", sagte ihre junge Reiseführerin nun. „Karl der Große wollte ja einen mächtigen Dom bauen lassen und bestellte dafür berühmte Steinmetze nach Aachen. Er selbst konnte nicht die ganze Zeit in Aachen bleiben und so hatte er den Aachenern das Geld für den Bau dagelassen. Diese nutzten das Geld aber lieber für Spiele und Feste. Nun sollte Karl der Große bald zurückkommen und der Dom war noch nicht fertig gestellt. Die Aachener fürchteten seinen Zorn. Da kam der Teufel und bot ihnen an, genügend Geld für den Dom zur Verfügung zu stellen. Allerdings wollte er dafür die Seele des Ersten haben, der den Dom betrat. Die Aachener ließen sich in ihrer Not auf den Deal ein, aber sie waren pfiffig. Sie fingen einen Wolf in den Wäldern und jagten ihn in den Dom. Der Teufel

packte sich voller Erwartung seine Seele. Als er merkte, dass es sich nur um die Seele eines Wolfes handelte, lief er wütend hinaus und knallte die Tür zu. Dabei blieb sein Daumen in der Tür stecken. Und dort steckt er noch immer." Das Mädchen griff in das Maul eines der Löwenköpfe, die an der Tür befestigt waren, und forderte Lilly und Nikolas dazu auf, es ihr gleich zu tun. Nacheinander steckten die Kinder ihre Hände ebenfalls hinein und tasteten eine daumenähnliche Form ab.

Lilly wandte sich an Mama: „Aber das ist nicht wirklich der Daumen vom Teufel, oder?" Mama zwinkerte ihr zu und folgte dann der jungen Domführerin hinein in die Chorhalle. Alle staunten über den großen Barbarossaleuchter und Lina konnte ihnen versichern, dass dieser so groß war, dass keiner heute mehr sagen kann, wie er überhaupt in die Kirche hineingekommen ist.

Interessiert sah sich die Familie im Dom um. Papa legte den Kopf in den Nacken, um das Mosaik in der Kuppel besser sehen zu können. Er hörte, wie Lina den Kindern erzählte, dass die Mosaiken im Dom aus 25 Millionen Steinchen bestehen. Unvorstellbar!

Überaus eindrucksvoll fanden Lilly und Nikolas den Karlsthron, zu dem sie dank der Führung hinaufgehen durften. Zwar wurde Karl der Große hier nicht selbst gekrönt, aber dafür 30 Könige und zwölf Königinnen nach ihm. Lina strich sich ihre langen Haare zurück und zeigte auf die Marmorplatten: „Wenn ihr genau hinschaut, könnt ihr sehen, dass hier etwas eingeritzt ist." Lilly und Nikolas beugten sich vor. Sie konnten ein paar dünne Linien erkennen, wussten aber nicht, was sie zu bedeuten hatten.

KEIN
TRINKWASS

„Das ist ein altes Mühle-Spiel, wahrscheinlich von den Römern. Man vermutet, dass es sich dabei um eine Bodenplatte handelt. Die Marmorplatten stammen aus der Grabeskirche von Jesus“, erzählte Lina. Zum Abschluss hatte die Domführerin noch eine Suchaufgabe für die Kinder. Sie sollten in dem Mosaik eine kleine Maus finden. Angestrengt suchten sie mit den Augen alles ab. Nikolas entdeckte sie als Erster.

Nachdem sie sich von Lina verabschiedet und ihr für die tolle Führung gedankt hatten, kauften sie sich im Domlädchen einen Kinderführer, damit sie zu Hause noch einmal alles nachlesen konnten. Die vielen Informationen konnten sie ja gar nicht so schnell verarbeiten. Lilly hatte sofort herausgefunden, dass in dem Buch auch die Maus zu sehen war.

18.

SPAẞ AM DREILÄNDERPUNKT

Nachdem sie zurück zu ihrem Auto geschlendert waren, ging es weiter zum nächsten Ausflugsziel. „Wir kommen zwar auch gleich wieder nach Belgien, aber zunächst einmal geht es durch die Niederlande“, verriet Mama den Kindern.

„Das ist ja so, als hätten wir drei Urlaube gemacht“, lachte Nikolas. „Wir waren in Deutschland, in Belgien und in den Niederlanden. Cool!“

„Und vor dem Dom saß ich sogar auf einer Parkbank aus Paris“, ergänzte Lilly, die aufmerksam das kleine Schildchen an der Bank gelesen hatte.

Kurz bevor sie die Niederlande erreichten, fuhren sie an einem großen Gebäude vorbei, bei dem man von außen große Rohre und mehrere Türme sehen konnte. „Was ist das?“, wollte Lilly wissen und auch Nikolas schaute neugierig nach draußen.

„Das ist das Klinikum von Aachen. Das sieht schon ziemlich speziell aus, oder? Ich glaube, die Rohre beinhalten die Klimaanlage. Es ist auf jeden Fall eines der größten Krankenhausgebäude in Europa“, wusste Mama.

Dann waren sie tatsächlich in Vaals, einer Stadt in den Niederlanden, und bald darauf hatten sie ihr Ziel erreicht. „So, da wären wir. Jetzt könnt ihr gleich von einem Land in das andere hüpfen“, kündigte

Papa an und als er in zwei fragende Gesichter schaute, ergänzte er: „Wir sind hier am Dreiländerpunkt. Hier treffen Deutschland, Belgien und die Niederlande zusammen. Außerdem ist das hier gleichzeitig der höchste Punkt der Niederlande. Kommt, wir gehen da vorne zu der Fahnengruppe! Da könnt ihr sehen, wo welches Land ist.“

Dort angekommen, sahen die Kinder rund um die Fahnen einen großen Kreis, der in drei Teile gegliedert war. Wenn man von einem Teil in den anderen sprang, landete man direkt in einem anderen Land. Gemeinsam liefen Lilly und Nikolas immer wieder im Kreis herum. So schnell hatten sie noch nie drei verschiedene Länder nacheinander besucht.

„Bleib mal in Belgien stehen, Lilly!“, forderte Nikolas seine Schwester auf, während er selbst nach Deutschland rüber lief. „Jetzt können wir uns ganz ohne Telefon von einem Land zum anderen unterhalten.“

„Wie ist denn so das Wetter in Deutschland?“, rief Lilly und lachte.
„Gut, die Sonne scheint. Sollen wir uns in Holland treffen?“, schlug Nikolas vor.
„Ja, ich bin in drei Sekunden dort.“ Lilly hüpfte von einem Kreis in den nächsten.
„Wie gut, dass man heute so einfach von einem Land in das andere kommt. Das wäre früher mit dem Zoll und so vermutlich gar nicht gegangen“, erinnerte sich Nikolas an das Gespräch mit Papa. Lilly nickte und hielt dann kurz inne. Für einen Moment sah sie, wie der Blick ihres Bruders ein wenig glasig wurde und in die Ferne zu schweifen schien. Doch dann schüttelte Nikolas den Kopf, wie um einen unwahrscheinlichen Gedanken zu vertreiben und beide Kinder folgten den Eltern. Papa hatte einen Irrgarten entdeckt, in den sie nun hineingehen wollten. „Ich habe doch zwei ausgefuchste Spürnasen als Kinder. Da wird der Weg für uns bestimmt ein Klacks sein“, hoffte Mama.
Ganz so einfach wurde es dann aber nicht, die Orientierung zwischen den hohen Hecken zu behalten. Immer wieder rief eines der Kinder: „Hier waren wir doch gerade schon!“ oder „Ich glaube, wir laufen die ganze Zeit im Kreis!“.
Und manch einen Weg liefen die Eltern gar nicht gerne mehrfach, denn an einigen Stellen sprudelte Wasser aus dem Boden und man musste gut aufpassen, einen trockenen Moment zu erwischen, um nicht in nassen Sachen weiterlaufen zu müssen. „Da vorne ist eine Brücke. Vielleicht können wir von dort aus sehen, wo der Weg langgeht“, schlug Lilly vor.

„Hm“, überlegte Papa, als er das Labyrinth von oben sah. „Ich glaube, wir müssen auf die andere Seite. Von hier aus kommen wir nicht zum Turm.“ Mama und Nikolas versuchten sich einzuprägen, welche Wege sie nehmen mussten, aber dennoch verliefen sie sich noch ein paarmal. Letztendlich kamen sie aber fröhlich an dem Turm in der Mitte an und Lilly und Nikolas freuten sich, dass sie alle gemeinsam den Weg gefunden hatten.

Nach diesem Länderabenteuer ging es wieder zurück auf den Bauernhof. Dafür fuhren sie wieder aus den Niederlanden raus nach Deutschland, dann ging es ein Stück durch Belgien und wieder rein nach Deutschland.

Zurück auf dem Bauernhof gingen die Kinder ein wenig im Wald spielen, wo sie sich aus Stöcken und dünnen Ästen eine Hütte bauten. Außerdem hatte Frau Victor ihnen aufgetragen, lange Stöcke für das Stockbrot am Abend zu sammeln. Das war im Wald natürlich kein Problem.

Stolz trugen Lilly und Nikolas einen ganzen Arm voller Stöcke zum Lagerfeuer, sodass sich alle Gäste einen nehmen konnten. Lilly wurde es allerdings schnell zu anstrengend, den Teig die ganze Zeit in der richtigen Höhe über das Feuer zu halten, und Papa übernahm ihren Stock. Auch die meisten anderen Kinder überließen ihre Stöcke nach einer Weile ihren Eltern. Nikolas schaffte es aber alleine, seinen Teig schön knusprig werden zu lassen.

Nachdem alle Kinder eine Menge Stockbrot verdrückt hatten, spielten sie gemeinsam in der Heuscheune, während die Eltern es sich am Feuer gemütlich machten.

EIN ABENTEUERLICHER TAG IM WILDFREIGEHEGE HELLENTHAL

Am nächsten Tag traf sich die Familie mit Tante Sarah, Oma und Opa im Wildfreigehege in Hellenthal. Auf der Fahrt dorthin entdeckte Nikolas ein gelbes Feld und wusste direkt Bescheid: „Schaut mal, da vorne ist ein Senffeld!“ Außerdem sahen sie, dass es hier auch das Besucherbergwerk „Grube Wohlfahrt“ gab. Nikolas wäre gerne dorthin gefahren, aber dafür hatten sie in diesem Urlaub leider keine Zeit.

„Tante Sarah freut sich bestimmt, wenn wir sie nochmal besuchen kommen“, tröstete Papa ihn.

Am Eingang kaufte Oma für die Kinder jeweils eine Tüte mit Tierfutter, welches sie gleich gut gebrauchen konnten, denn die Esel im Streichelgehege durften damit gefüttert werden. Vorsichtig näherte sich Lilly dem kleinen Eselfohlen, das ihr bereits neugierig sein Maul entgegenstreckte.

Plötzlich hörte sie ihren Bruder erschrocken aufschreien. Sie drehte sich um und sah, wie er versuchte, seine Futtertüte zu retten. Doch Nikolas konnte nichts mehr machen. Einer der Esel hatte ihm das Futter aus der Hand geschubst und fraß es nun mitsamt der Tüte auf. „Hoffentlich bekommt er jetzt keine Bauchschmerzen“, meinte Nikolas besorgt.

Aber Mama meinte: „Das wird er schon vertragen. Es war ja zum Glück keine Plastiktüte.“

Als sie das Streichelgehege verließen, zeigte Tante Sarah auf einen Zaun, an dem lauter bunte Zettel hingen: „Möchtet ihr einen Wunschbaumzettel mit euren Wünschen ausfüllen und dazuhängen?“

„Au ja!“ Lilly nahm einen Zettel aus dem Kasten und überlegte. Dann schrieb sie: „Ich wünsche mir, dass wilde Tiere gut in Deutschland leben können.“ Es mussten ja nicht unbedingt Bären sein.

Auf dem Zettel, den Nikolas aufhängte, stand: „Ich wünsche mir, dass die Wildnis in Deutschland geschützt wird und wir viele dieser Orte kennenlernen werden.“ Obwohl sie sich inzwischen sicher waren, dass es sich beim schwarzen Gold um Kaffee und nicht um Torf handelte, musste Nikolas ein wenig schlucken, wenn er an die unglaublich lange Zeit dachte, die es dauerte, bis eine solche Landschaft entstand.

Nachdem sie durch ein Indianerdorf spaziert waren und die Kinder ein wenig gespielt hatten, ging es zur Greifvogelschau. Mama war besonders gespannt darauf: „Ich habe schon mal etwas von den Greifvögeln aus Hellenthal im Fernsehen gesehen. Es gibt hier einen Kondor, der nicht fliegen will.“

Lilly erinnerte sich daran, dass Mama auch schon etwas über den Monschauer Weihnachtsmarkt im Fernsehen gesehen hatte und lachte: „Ich glaube, du guckst zu viel fern."
Während sie auf den Beginn der Flugschau warteten, betrachtete Lilly die Vögel, die auf den Holzpfosten saßen. Sie taten ihr leid: „Die Armen. Die finden das bestimmt nicht schön, festgekettet zu sein."
Papa nickte. Darüber hatte er auch schon nachgedacht. „So richtig gut gefällt mir das auch nicht. Andererseits wird bei der Greifvogelstation auch dafür gesorgt, dass Arten, die vom Aussterben bedroht sind, gezüchtet und dann ausgewildert werden."
Sie alle staunten dann aber doch über die faszinierenden Vögel. Ab und zu musste Opa den Kopf einziehen, damit ihn die Lederbänder, die die Greifvögel an den Krallen trugen, nicht streiften. Während sie den Waldkauz, den Uhu, den Jagdfalken und einige andere Vögel fliegen sahen, hörten sie sich an, was die Falkner über die Tiere zu berichten hatten.
Am Ende der Greifvogelschau konnte man sich sogar mit einem Vogel auf der Hand fotografieren lassen. Opa bot an, das gemeinsam mit den Kindern als Erinnerung zu machen. Opa und Nikolas schoben zusammen die Hand in den dicken Handschuh und ließen sich einen prächtigen Weißkopf-Seeadler daraufsetzen, während Lilly sich Oma dazuholte. Der große Greifvogel war ganz schön schwer und so

waren die Kinder froh, dass die Großeltern sie unterstützten. Anschließend spazierten sie durch den Wald, um sich das Rotwild und die anderen Tiere anzuschauen. Dabei konnten sie beobachten, wie ein großer männlicher Hirsch mit gewaltigem Geweih einen anderen verjagte. „Der Doofe", murmelte Lilly, aber Opa lachte bloß. „So ist das in der Natur. Der Stärkere setzt sich durch."

Als nächstes kamen sie zu einem Barfußpfad, den Lilly und Nikolas natürlich ausprobieren mussten. Vorsichtig hüpfte Lilly von Stein zu Stein, während Nikolas über eine Wippe balancierte. „Das war lustig, das mache ich gleich noch mal", rief er und rannte an den Anfang des Pfads zurück. Die Kinder hatten eine ganze Weile Spaß am Balancieren, Laufen und Klettern über verschiedene Materialien.

Die Eltern gingen schon einmal weiter und Papa machte von Mama ein paar Fotos mit einem Geweih auf dem Kopf. Als die Kinder das sahen, mussten sie laut lachen. Leider waren sie zu klein, um an das Geweih, das dort für Fotos hing, ranzukommen. Doch Opa nahm sie einfach der Reihe nach auf den Arm, versteckte sich hinter ihrem Rücken und Papa machte ein Foto von Lilly-Hirsch und Nikolas-Hirsch.

Nachdem sie weitere Waldtiere gesichtet hatten, machten sie eine Rast. Bei der Waldschenke gab es für jeden etwas Leckeres zu essen. Die Kinder wollten die Wildschweinbratwurst probieren, die Frauen nahmen ein Stück Zwiebelkuchen und Papa und Opa entschieden sich für Wildgulasch. Dazu durften die Kinder einen heißen Punsch trinken.

Lange hielten sich die beiden jedoch nicht mit dem Essen auf, denn sie hatten entdeckt, dass direkt neben dem Rastplatz ein Spielplatz war. Begeistert rannten sie zur Seilbahn, die jedoch nur halb so prickelnd war, wie sie aussah. „Die ist ja total langsam“, meinte Nikolas enttäuscht, hatte dann aber schnell andere spannende Spielgeräte entdeckt. Besonders witzig war die Tonne, in die man sich hineinstellen und laufen musste, um sie zu drehen.

Bevor die Erwachsenen mit dem Mittagessen fertig waren, hatten die Kinder auch noch das „Zackelschaf“ neben dem Spielplatz

besucht. „Das hat ja einen lustigen Namen. Aber das Schaf am Eingang mit den vier Hörnern fand ich auch gut“, sagte Lilly.
Gemeinsam mit den Eltern, Tante Sarah, Oma und Opa schauten sie sich Informationen und Ausstellungsstücke zu verschiedenen Tieren an. Dabei kamen ihnen nicht nur die Pfoten- und Hufabdrücke aus dem Erlebnismuseum bekannt vor. Sie erkannten eine ganze Menge wieder und Lilly und Nikolas waren stolz darauf, was sie schon alles wussten.
Zum Schluss wollten alle gern noch mit dem Adler-Express, einer kleinen Bahn, durch die Anlage fahren. Dann würden sie auch an den Tieren vorbeikommen, die sie bisher noch nicht besucht hatten. Zum Glück passten sie alle zusammen auf zwei Bänke, die einander gegenüberstanden. Lilly konnte es gar nicht erwarten, dass die Bahn endlich losfuhr.
Schließlich war es so weit. Als Erstes ging es am Muffelwild vorbei. Durch die Lautsprecher bekamen sie einiges über die Tiere erzählt. Alle hörten interessiert zu, aber am meisten freuten sie sich, wenn sie die Tiere in ihren weitläufigen Gehegen entdecken konnten. Nikolas stupste Lilly an und zeigte ihr ein Wildschwein, das ganz in der Nähe stand und sich an einem Baum schubberte. Kurz bevor die Fahrt zu Ende war, kamen sie an dem Kondor vorbei, von dem Mama ganz am Anfang gesprochen hatte.
Nach der Fahrt verabschiedeten sie sich ausgiebig von Oma und Opa, die am nächsten Tag bereits nach Hause reisten. Anschließend ging es zurück zum Ferienbauernhof, denn sie wollten gern an der Familienwanderung teilnehmen, die dort angeboten wurde.

20.

AUF KARLS SPUREN DURCH DEN WALD

Gemeinsam mit ihrer Gastgeberin Iris Victor und ein paar anderen Familien, die auf dem Hof Urlaub machten, ging es durch den Wald. Dabei überquerten sie zunächst die Kuhweide. Iris zeigte ihnen überall Wildschweinspuren und eine Stelle, an der häufig Hirsche entlangliefen. Mama fand es klasse, wie viele Hinweise auf Tiere es überall zu entdecken gab.

„Wer mit offenen Augen durch den Wald geht, der wird überall Tierspuren finden können“, ermunterte Iris die Gruppe dazu, genau hinzuschauen. „Zu dieser Jahreszeit kann man die Hirsche übrigens sehr gut im Venn hören.“

Lilly entdeckte sogar eine Dachsspur. Bald darauf rief Nikolas die Familie zu sich: „Schaut mal, hier ist ja das Karlsymbol!“ Er zeigte auf ein Schild. Iris kam hinzu und erklärte, dass es hier einen Kaiser-Karl-Weg gab. „Der Weg ist gut für Familien geeignet und hält nicht nur Informationen, sondern auch ein paar Spiele bereit. Hier war damals das Jagdrevier von Kaiser Karl. Ihr könnt ihn übrigens auch auf dem Konzener Wappen sehen. Konzen ist ein Ortsteil von Monschau.“

Als sie weitergingen, machte Iris sie auf ein paar größere Steine aufmerksam: „Das sind Grenzsteine. Auf der einen Seite steht ein ‚D‘ für Deutschland und auf der anderen ein ‚B‘ für Belgien. Du, Lilly, stehst also in Deutschland und du, Nikolas, in Belgien.“

Nikolas veränderte seine Stellung ein wenig und rief: „Jetzt bin ich mit einem Bein in Deutschland und mit einem in Belgien!“ Papa machte ein Foto von Lilly auf dem Grenzstein. Alle fanden es lustig, dass sie sich auf dem Bild gleichzeitig in zwei Ländern befinden konnten.

„Wenn wir hier weitergehen würden, kämen wir zu Kaiser Karls Bettstatt.“ Iris zeigte auf einen Weg.

„Was ist das?“, wollte Nikolas wissen.

„Es gibt dort einen großen Steinblock. Die Sage erzählt, dass dort einst Kaiser Karl übernachtet haben soll. Er war mit seinen Rittern bis zur Dunkelheit auf der Jagd und sie fanden nicht mehr aus dem Wald heraus. Einer seiner Männer schlug vor, dass Kaiser Karl doch den großen Stein als Bett nehmen solle. Angeblich kann man an den Dellen im Stein heute noch sehen, wo Kopf und Füße des großen Mannes gelegen hatten. Auf einem kleineren Stein daneben lag sein Diener, welcher zuvor dafür gesorgt hatte, dass es Kaiser Karl auch warm genug hatte. Auch eine Mütze wollte er dem Kaiser aufsetzen, doch dieser sagte: ‚Mütze nich!‘ Und so bekam ein weiterer Ortsteil von Monschau seinen Namen: Mützenich“, erzählte Iris und alle mussten lachen.

Kurz bevor es zurückging, durften die Kinder auf einer „Baumelbank“ Rast machen. Die Sitzfläche war so hoch, dass die Kinder fröhlich mit den Beinen hin und her baumeln konnten.
Auf dem Rückweg über die Kuhwiese halfen die Kinder dabei, die Kühe zum Stall zu treiben, allerdings mussten sie aufpassen, wenn die Tiere gerade aufstanden. „Dann lassen sie meist erst einmal einen Fladen fallen“, erklärte Iris und zeigte den Kindern, wie sie mit Stöcken und einem auffordernden „Hepp, hepp!“ die Kühe vorwärts treiben konnten.
Als Lilly und Nikolas am Abend im Bett lagen, unterhielten sie sich noch einmal über den Brief. Nikolas war ein wenig enttäuscht: „Nun ist der Urlaub schon fast zu Ende und wir haben immer noch nicht ganz herausgefunden, worum es eigentlich geht.“
„Aber wir wissen doch schon einiges. Der Ort, der erquicklich stinkt, ist auf jeden Fall der Elisenbrunnen in Aachen“, zählte Lilly auf. „Das schwarze Gold ist wahrscheinlich Kaffee und mit der Wildnis ist vielleicht das Hohe Venn gemeint.“
„Hm, du hast recht. Wenn das so stimmt, haben wir fast alles herausgefunden. Wir wissen nur noch nicht, was das Verbotene an der ganzen Sache ist. Vielleicht finden wir es ja doch noch heraus. Ansonsten müssen wir die Erwachsenen in die Sache einweihen. Oder was meinst du?“ Fragend blickte Nikolas seine Schwester an, die zustimmend nickte. Jetzt wollte sie aber erst einmal schlafen. Sie war richtig müde von der vielen frischen Luft. Außerdem freute sie sich auf den nächsten Tag, denn Mama hatte ihnen versprochen, dass sie noch einmal einen richtig spannenden Ausflug machen würden.

21.

EINE ERKENNTNISREICHE SCHATZSUCHE

Am Vormittag des nächsten Tages wollten Lilly und Nikolas unbedingt die Schatzsuche auf dem Hof machen, bevor sie sich von Familie Victor verabschieden würden. Die letzte Nacht vor ihrer Abreise würden sie bei Tante Sarah schlafen.

Iris Victor überreichte ihnen ein Heftchen mit den Aufgaben der Schatzsuche. Gemeinsam mit Mama und Papa schauten sie sich die erste Aufgabe an und liefen Richtung Wald. Überall musste die Familie kleine Aufgaben lösen, um den Fundort des Schatzes herauszufinden. Dabei kamen sie auch an einigen Stellen vorbei, die sie bereits von der gestrigen Wanderung her kannten. Auch Schilder des Kaiser-Karl-Weges mussten sie für die Lösung genau betrachten und die Aufschrift eines Holzschildes entziffern. Erstaunt las Nikolas vor: „‚Schmugglerpäddchen' – die haben sich ja lustige Namen für ihre Wege ausgedacht."

„Klingt irgendwie spannend", meinte Lilly. „So verboten! Aber was bedeutet ‚Päddchen'?"

„Ich denke, das ist das rheinische Wort für ‚Pfad'", mutmaßte Papa. „Damit bezeichnet man wahrscheinlich kleine unbefestigte Trampelpfade."

„Also eine Art Schleichweg", freute Lilly sich.

„Genau!" Papa zwinkerte ihr zu. Dann wandte sie sich zu ihrem Bruder. Doch Nikolas schaute sie nicht an. Er war ganz still und in

Gedanken versunken. War ihre Spinnerei neulich bei der Fahrradtour etwa doch nicht so abwegig? Das klang fast zu verrückt, um wahr zu sein! Und doch war es die einzig logische Antwort auf das Rätsel, dass sie schon den ganzen Urlaub beschäftigte.

Endlich wusste er, was an der ganzen Geschichte verboten war, welche Wildnis gemeint war und welche Rolle sie dabei spielte. Beinahe erstaunt blickte er zu seiner Schwester auf und fing langsam an zu grinsen. Doch die schaute ihn nur fragend an. Nikolas legte einen Finger auf die Lippen und blickte mit einem bedeutungsvollen Gesichtsausdruck zum Holzschild.

Lilly folgte seinem Blick. Noch einmal las sie den seltsamen Namen. Was wollte Nikolas ihr sagen? Etwa, dass hier ... da fiel ihr auf einmal fast die Kinnlade herunter. Na klar! Sie waren doch gestern noch an den Grenzsteinen vorbeigekommen ... Mit großen Augen schüttelte sie den Kopf. Dann suchte sie wieder Nikolas' Blick, der ihr geheimnisvoll lächelnd zunickte.

Währenddessen hatte Mama das „G" aus dem Wort für die Lösung notiert und dann ging es weiter. Die Schranken auf dem Weg umliefen sie einfach und auf der Wiese wartete dann die nächste Aufgabe auf sie. Als sie alles gelöst hatten, fanden sie die Schatzkiste ohne Probleme und Lilly holte freudig die kleine Überraschung – eine Gummibärchentüte – hervor. Nach der erfolgreichen Suche setzten sich alle ins vollgepackte Auto. Nikolas und Lilly waren neugierig, wohin ihr letzter Ausflug sie führen würde.

22.

Ein tierisch cooler Besuch im GAIA-Zoo

„Wir fahren heute noch einmal ins Ausland. In die Niederlande." Mehr verriet Mama nicht. Erst kurz vor ihrem Ziel lüftete sie das Geheimnis. „Wir gehen heute in den GAIA-Zoo in Kerkrade." Die Kinder freuten sich. Tiere waren immer klasse.

Da Mama die Tickets bereits für einen günstigeren Preis im Internet reserviert hatte, konnten sie an der Kasse eine Menge Geld sparen. Fröhlich flanierten sie an Bachläufen und vielen Pflanzenbeeten entlang in den Zoo hinein und fühlten sich direkt wie in einer anderen Welt. „Wir können in die Wildnis Afrikas gehen, uns durch die kalte Taiga schlagen oder die Tiere im Regenwald besuchen. Worauf habt ihr Lust?", wollte Papa wissen.

„Auf alles!", verkündete Lilly.

Nikolas schaute seine Schwester an und lachte: „Noch jede Menge Wildnis."

Dann entschieden sie sich dafür, dem Weg in die Taiga zu folgen, der sie an kalte, nordische Landschaften denken ließ. Hier konnte man neben lebendigen Rentieren, Moschusochsen und anderen Tieren auch große Wollnashorn- und Mammutfiguren sehen. Lilly und Nikolas fanden es aufregend, in den Wolfstunnel zu kriechen. Anschließend befand man sich unter einer kleinen Kuppel mitten im Wolfsgehege.

„Na, wie weit könnt ihr eure Arme ausbreiten?", fragte Mama. An einer Wand war der Schatten mehrerer Vögel mit ausgebreiteten Flügeln angebracht. Papa musste sich ganz schön strecken, um so groß wie ein Uhu zu sein.

Bevor die anderen Tiere besucht wurden, legte die Familie eine kleine Pause zur Stärkung ein. Lilly und Nikolas entschieden sich für das Kindermenü, bei dem man eine Brotdose mit Willi Waschbär dazubekam. Außerdem kauften sich beide zum Nachtisch ein Eis in einer Schatztruhe.

Nun gingen alle gut gestärkt nach Afrika. Papa konnte den großen Giraffen stundenlang dabei zuschauen, wie sie bedächtig durch das Gehege streiften, während Nikolas die wuchtigen Nashörner auf der gegenüberliegenden Seite richtig gut gefielen. Die ganze Familie fand die flinken Erdmännchen toll und Mama musste über ihre niederländische Bezeichnung lachen: „Stokstaartje!"

Beim Eingang zum Regenwald kletterten Lilly und Nikolas auf eine steinerne Gorillafigur und lachten in Papas Kamera. „In echt hätte ich mich da nicht raufgetraut“, sagte Lilly und tätschelte der Figur den Arm. „Stimmt, die großen Menschenaffen sind immer wieder beeindruckend“, fand Mama und der Rest der Familie stimmte ihr zu. Nikolas schaute sich den Vergleich eines Affen- und eines Menschenschädels in einer Vitrine an, die sich doch ziemlich ähnelten. Die übrigen Affen sowie das rot-bräunliche Pinselohrschwein mit dem langen Backenbart kamen bei der Familie ebenfalls gut an. Außerdem fanden sie es toll, durch die Vogelvoliere zu spazieren.

Abgesehen von den Bauernhoftieren hatten sie nun alle Tiere gesehen, aber Nikolas hatte auf dem Weg zum Imbiss bereits mit großen Augen entdeckt, dass es hier auch eine Dinosaurier-Welt gab. Die schauten sie sich natürlich an. Große Dinofiguren standen in der Landschaft. Trotz der Infotafeln bekam man den Eindruck, mitten in einer aufregenden Expedition gelandet zu sein. Nikolas deutete auf ein gelbes Flugzeug, welches zwischen den Zweigen hängengeblieben war. Dann entdeckten sie, dass es hier auch einen großen Kletterpark und Rutschen gab. Schnell verabschiedeten sich die Geschwister für eine Weile von den Eltern und turnten auf den verschiedenen Konstruktionen herum.

Später entdeckten sie auf dem Weg zum Ausgang einen Dschungelweg, auf dem sie ebenfalls ihre Geschicklichkeit beweisen konnten. Weder für Lilly noch für Nikolas waren die Wackelbrücken ein Problem und nach dem ersten Durchgang liefen sie direkt noch ein zweites Mal über den Weg. Papa kletterte hinter ihnen her, war aber nicht ganz so schnell wie die Kinder.

Bevor die Familie zu Tante Sarah fuhr, hielt sie an einem niederländischen Supermarkt. Mama und Papa fanden es immer spannend, was es in anderen Ländern einzukaufen gab und auch die Kinder schauten sich neugierig um. Papa wollte unbedingt ein paar Packungen „Hagelslag“ – Schokostreusel – mitnehmen, denn er wusste, dass die besonders lecker waren. Dagegen hatten Lilly und Nikolas natürlich nichts einzuwenden und Lilly meinte fröhlich: „Die schmuggeln wir nach Deutschland.“ Sie zwinkerte ihrem Bruder zu.

„Nur gut, dass wir keinen Kaffee dabeihaben, das könnte Ärger geben“, setzte der hinzu und beide mussten lachen. Mama und Papa sahen sich verwundert an. Was war nur mit ihren Kindern los? In den letzten Tagen hatten sie sich mehrfach plötzlich sehr ruhig oder sehr albern verhalten. Allerdings kannten sie die gelegentliche Geheimniskrämerei der beiden bereits gut genug, um sich keine allzu großen Sorgen zu machen. Leise lächelten sie einander zu.

Auch die Kinder, die die fragenden Blicke ihrer Eltern bemerkt hatten, blickten einander jetzt stumm an. Lilly grinste breit und Nikolas fragte leise: „Nun können wir ihnen den Brief doch zeigen, oder?“ Beide konnten es jetzt kaum erwarten, bei Tante Sarah anzukommen und den Erwachsenen von ihrem aufregenden Fund zu berichten.

DES RÄTSELS LÖSUNG

Als alle im Wohnzimmer versammelt waren, las Nikolas den Brief laut vor. Anschließend berichteten die Geschwister gemeinsam, was sie alles herausgefunden hatten. „Wir glauben, dass das ein Schmugglerbrief ist und dass es um Kaffee geht", verkündete Nikolas.
„Ja, genau. Und der Schmuggler wollte den Kaffee am Elisenbrunnen in Aachen seinem Freund geben", ergänzte Lilly aufgeregt und sah zu den Erwachsenen. Ob sie wohl der gleichen Meinung waren?
„Bei der ‚Wildnis' waren wir uns erst nicht so ganz sicher, aber wir denken, dass es um das Hohe Venn geht." Fragend sah Nikolas Tante Sarah an, die ihnen gespannt zugehört hatte.

Nun ließ sie sich von Nikolas den Brief geben. „Was für ein toller Fund! Und ihr habt das alles prima enträtselt. Das könnte so stimmen.“ Sie überlegte kurz, dann begann sie zu berichten: „Nach dem Krieg wurde hier jede Menge Kaffee geschmuggelt. In Deutschland war Kaffee durch die Steuern immens teuer und die Menschen konnten ihn sich kaum leisten. Wisst ihr, was Steuern sind?“

Nikolas nickte und sagte: „Ja, das hat Papa uns neulich erklärt. Wir wissen auch, dass man damals nicht einfach so von einem Land ins andere reisen konnte und dass man, wenn man etwas mitgenommen hat, Zoll bezahlen musste.“

„Das stimmt. Es gab hier jedoch viele Menschen, die heimlich in Belgien Kaffee kauften, denn der war dort viel billiger. Mit dem Kaffee sind sie dann durch den Wald zurück nach Deutschland gekommen. Dabei mussten sie natürlich aufpassen, dass sie nicht erwischt wurden, denn ansonsten drohte sogar das Gefängnis. Viele Menschen haben das aus der Not heraus gemacht, aber schnell haben einige gemerkt, dass man damit jede Menge Geld verdienen konnte und es gab ganze Kaffeeschmugglerbanden. Selbst Jugendliche haben schon Kaffee geschmuggelt. Dafür waren sie meist die ganze Nacht unterwegs, denn sie mussten die vielen Kilometer zu Fuß gehen. Überall wurde der Kaffee beim Schmuggeln versteckt. Frauen nahmen zum Beispiel Kinderwagen mit einem Geheimfach mit, um darin den Kaffee zu verbergen.“

Nikolas und Lilly lauschten gespannt und Tante Sarah fuhr fort: „Teilweise war fast die ganze Dorfbevölkerung in die Schmuggelei

eingebunden. Es wusste also jeder davon, auch wenn es natürlich nicht erlaubt war. Einmal standen fast alle Bewohner Mützenichs vor Gericht. Auch die Pfarrer der Kirchen wussten von allem und beteten für die Schmuggler. In Ort Schmidt gibt es eine Kirche, die von der Bevölkerung ‚Sankt Mokka' genannt wird. Sie wurde im Krieg zerstört und der Neubau wurde zum Teil vom Erlös des Kaffeeschmuggels finanziert. Heute kann man dort sogar Tassen und Schirmmützen mit der Aufschrift ‚Sankt Mokka' kaufen.
Das ist alles unglaublich spannend und es gibt viele Geschichten dazu, allerdings ging es dabei leider auch um Leben und Tod. Sowohl die Menschen vom Zoll als auch die Schmuggler haben Waffen eingesetzt und es sind hin und wieder Menschen dabei umgekommen. In Aachen gab es regelrechte Verfolgungsjagden, wobei die Schmuggler eine Art Nägel, sogenannte Krähenfüße, auf die Straße warfen, um die Reifen der Verfolger zu beschädigen. Der Zoll ließ extra einen Porsche anfertigen, bei dem man Stahlbesen hinunterlassen konnte, die diese Krähenfüße dann weggefegt haben. Auch mit den Zollhunden gingen die Schmuggler nicht eben liebevoll um. Hunde haben ja bekanntlich gute Nasen und sie entdeckten die Banditen auch im Wald. Sobald sie jedoch in die Nähe der Schmuggler kamen, schlugen diese ihnen mit Schlagstöcken, die mit Nägeln versehen waren, auf die Nasen, sodass sie nicht mehr als Zollhunde eingesetzt werden konnten."
Die Kinder waren entsetzt – die armen Hunde! Aber natürlich wollten die Schmuggler nicht verhaftet werden und waren daher offenbar zu allem bereit.

Der Schmuggler

„Erinnert ihr euch noch an das Denkmal, als ihr nach Belgien ins Venn gefahren seid? Es steht am Ortsausgang von Mützenich, dem Dorf, aus dem so viele Schmuggler kamen, und soll einen ebensolchen Schmuggler darstellen“, wusste Tante Sarah.
Lilly zuckte ahnungslos mit den Schultern, aber Nikolas hatte die bronzene Statue mit dem Sack über der Schulter noch vor Augen. Leicht beschämt schaute er zu seiner Schwester herüber. Sie hatte mit ihrer Geldsack-Theorie gar nicht mal so weit daneben gelegen.
„Also ich finde es sehr witzig, dass man dem einst so unehrenhaften Treiben der Schmuggler gegenüber heute so nachsichtig ist, dass man ihnen sogar ein Denkmal baut“, sagte Papa und strich seinem Sohn aufmunternd übers Haar. „Da wäre ich nie draufgekommen.“
„In Aachen gibt es ein Zollmuseum, in dem man unter anderem etwas über diese Zeit erfahren kann. Vielleicht ist die Museumsverwaltung an eurem Brief interessiert oder wir geben ihn bei einem Heimatverein hier in der Eifel ab“, schlug Tante Sarah vor.
Am liebsten hätten die Kinder den Brief behalten, aber sie sahen ein, dass er ein wichtiges historisches Dokument aus der Schmugglerzeit war. Papa merkte, dass die Kinder gerne eine Erinnerung an das Rätsel hätten, das sie in diesem Urlaub so erfolgreich gelöst hatten.
„Wo ist denn diese ‚Sankt Mokka‘-Kirche? Ist das weit von hier? Vielleicht können wir dort ja auf dem Rückweg vorbeifahren“, wandte er sich an Tante Sarah.
„Die ist in Schmidt. Wenn ihr ein wenig anders zur Autobahn fahrt, ist das kein großer Umweg.“ Damit war die Sache beschlossen. Die Familie würde über Schmidt nach Hause fahren, sodass sich die

Kinder eine ‚Sankt Mokka'-Tasse als Andenken kaufen konnten. Papa machte ein Handyfoto des Briefes und Tante Sarah versprach, ihnen in den nächsten Tagen eine Farbkopie zuzusenden, während das Original an das Museum gehen sollte. So waren alle zufrieden und die Kinder hatten eine tolle Erinnerung an diesen spannenden Urlaub.

Der Nationalpark und seine tierischen Bewohner ließen die Kinder so schnell nicht wieder los. Zu Hause angekommen, zeigten sie, wie viel Neues sie in der Eifel gelernt hatten. Gemeinsam beantworteten sie am Computer die Fragen zum Nationalpark-Einmaleins, die auf der Homepage vom Nationalpark zu finden waren, und druckten sich anschließend die Ehrenurkunde aus, die sie als Kenner vom Nationalpark auszeichnete.

Stolz hängte Lilly sie zusammen mit dem Plakat von der Wildkatze in ihrem Zimmer auf. Über die Schulter hinweg plauderte sie mit ihrem großen Bruder. „Das waren wirklich schöne Herbstferien. Ich freue mich schon darauf, Tante Sarah bald noch mal zu besuchen."
Nikolas nickte. „Und wir haben wieder mal gemeinsam ein Rätsel gelöst. Wenn der Brief von Tante Sarah ankommt, nehme ich ihn mit in die Schule. Da werden die anderen aber staunen."

Außerdem bei Biber & Butzemann

Zahlreiche weitere Kinderbücher aus ganz Deutschland finden Sie unter www.biber-butzemann.de

Alexandra Benke
Geheimnis um die Rauhnächte
Ein Jahr voller Abenteuer in Oberbayern
Biber & Butzemann

Alexandra Benke
Geheimnis um die Wildtiere
Abenteuer zwischen Tegernsee und Chiemsee
Biber & Butzemann

Alexandra Benke
Geheimnisse rund um das Märchenschloss
Ein Bauernhof-Abenteuer im Allgäu
Biber & Butzemann

Alexandra Benke
Geheimnis um den roten Kater
Ein München-Abenteuer
Biber & Butzemann

Steffi Bieber-Geske | Sabrina Pohle
Schatzsuche in Berlin und Brandenburg
Lilly, Nikolas und der geheimnisvolle Brief
Biber & Butzemann

ABENTEUER ZWISCHEN KYFFHÄUSER UND WESTHARZ
Jörg F. Nowack
Biber & Butzemann

Steffi Bieber-Geske | Sabrina Pohle
Zauberhafte Ferien im Harz
Lilly, Nikolas und die Hexen
Biber & Butzemann

ABENTEUER RUND UM DRESDEN UND DAS ELBSANDSTEINGEBIRGE
Juliane Jacobsen
Biber & Butzemann

SCHATZSUCHE IN LEIPZIG
Lilly und Nikolas auf der Suche nach dem singenden Saphir
Mareike Seehaus
Sabrina Pohle
Biber & Butzemann

Die Autorin

Miriam Schaps, Jahrgang 1981, kommt aus Ostwestfalen, lebte ein Jahr in Schweden, studierte in Münster Grundschullehramt und lebt nun mit ihrem Mann und ihren zwei Söhnen in der Nordeifel. Ihre große Leidenschaft ist das Lesen und es ist ihr wichtig, diese Leidenschaft an viele Kinder weiterzugeben, sodass sie u. a. im Kindergarten vorliest, Seminare zum Vorlesen leitet und einen Kinderbuchblog betreibt.

Die Illustratorin

Sabrina Pohle, Jahrgang 1984, stammt aus Sachsen-Anhalt und entdeckte in ihrer frühen Jugend ihr Interesse am Zeichnen, aus dem sich über die Jahre eine Leidenschaft für Illustration und sequenzielle Kunst entwickelte. Sie experimentierte zunächst viel mit traditionellen Maltechniken und Materialien wie Aquarell, Kohle und Pastellkreiden. Seit einiger Zeit nutzt die Mutter eines Sohnes auch digitale Medien, um ihre Werke zu erstellen. Die studierte Japanologin arbeitet als freiberufliche Illustratorin in Hamburg und hat bereits zahlreiche Kinderbücher illustriert.